Hyvin menee! 1

SUOMEA AIKUISILLE

Satu Heikkilä   Pirkko Majakangas

OTAVA
1890

Helsingissä
Kustannusosakeyhtiö Otava

Otavan asiakaspalvelu
Puh. 0800 17117
asiakaspalvelu@otava.fi

Tilaukset
Kirjavälitys Oy
Puh. 010 345 1520
Faksi 010 345 1454
kvtilaus@kirjavalitys.fi

Uudistetun laitoksen 2. painos

Toimitus: Pauliina Luoto
Kansi: Mirella Mäkilä
Taiton suunnittelu: Sari Väkelä
Taitto: Elina Heiskanen
Piirrokset: Pertti Niska, Maisa Rajamäki (ss. 75–76)
Kuvalähteet s. 192

Sidonta: OTABIND

Painopaikka: Otavan Kirjapaino Oy
Keuruu 2009

ISBN 978-951-1-22775-5

Esipuhe

Tämä oppikirja on tarkoitettu aikuisille ja nuorille maahanmuuttajille sekä Suomen ulkopuolella asuville suomen kielen opiskelusta kiinnostuneille. Oppimisen tavoitteena on toiminnallinen kielitaito. Kirjaa voi käyttää sekä suomen kielen alkeiden opiskeluun että niiden kertaamiseen. Se sopii opiskeltavaksi joko ryhmässä tai itsenäisesti.

Lähtökohtanamme on, että kieli on kommunikaation väline. Sanaston oppimisella on kirjassamme keskeinen sija. Osa rakenteista esitellään ensin fraasinomaisesti, ja niiden tarkempaan muodostukseen ja käyttöön syvennytään myöhemmin. Kielenkäyttötilanteissa on osattava poimia tutut sanat ja ymmärtää olennainen asiasisältö, vaikka kielen opiskelu olisi vasta alussa. Sen vuoksi kirjan teksteissä pyritään luonteviin vuorovaikutustilanteisiin ja autenttisuuteen. Kirjan kappaleiden tekstit, rakenteet, sanasto ja harjoitukset muodostavat yhtenäisen oppimista tukevan kokonaisuuden. Harjoituksissa painottuu opitun soveltaminen ja kommunikatiivisuus.

Opiskelussa voidaan edetä joko kirjan kappaleiden mukaisessa järjestyksessä tai opiskelijan tarpeiden mukaan. Oppikirjan tekstit vaikeutuvat loppua kohden.

Kirjassa ei ole juonellista jatkumoa, mutta samat henkilöt voivat esiintyä siinä useaan otteeseen. Kirjan tekstien ja henkilöiden kautta välittyy kuva suomalaisesta elämästä ja yhteiskunnasta. Kielen oppimista elävöittävät valokuvat ja runsas piirroskuvitus.

Oppikirjaan kuuluu äänite, jossa ovat mukana kappaleiden tekstit ja kuullunymmärtämisharjoitukset, ja opas, joka sisältää kuullunymmärtämisharjoitukset teksteinä, harjoitusten mallivastauksia sekä lisätehtäviä.

Kirjaan liittyvät myös erilliset sanastot suomi–englanti–suomi ja suomi–venäjä–suomi. Sanastojen kappalekohtaisessa osiossa on annettu myös fraasinomaisia ilmauksia ja esimerkkejä opiskelun tueksi. Aakkosellisten osioiden taivutusmuodoista käyvät ilmi sanavartalot, mikä helpottaa suomen kielen sanojen ominaispiirteiden hahmottamista.

Meistä on ollut hauska tehdä tätä oppikirjaa,
ja toivomme tämän välittyvän käyttäjille.

Oppimisen iloa!

Satu Heikkilä   **Pirkko Majakangas**

Sisällysluettelo

 Keskustellaan

 Teksti/harjoitus äänitteellä

 Kirjoitetaan

 Puhekieli

Johdanto

Kappaleessa opitaan

- suomen kielen ääntäminen
- aakkoset
- numerot

SUOMEN KIELEN ÄÄNTEET JA NUMEROT

 1 **Kuuntele ja toista.**

Aakkoset

Aa	[aa]	**Hh**	[hoo]	**Oo**	[oo]	**Vv**	[vee]	**Åå**	[ruotsalainen oo]
Bb	[bee]	**Ii**	[ii]	**Pp**	[pee]	**Ww**	[kaksoisvee]		
Cc	[see]	**Jj**	[jii]	**Qq**	[kuu]			**Ää**	[ää]
Dd	[dee]	**Kk**	[koo]	**Rr**	[är]	**Xx**	[äks]	**Öö**	[öö]
Ee	[ee]	**Ll**	[äl]	**Ss**	[äs]	**Yy**	[yy]		
Ff	[äf]	**Mm**	[äm]	**Tt**	[tee]	**Zz**	[tset]		
Gg	[gee]	**Nn**	[än]	**Uu**	[uu]				

Naisten nimiä

Emma	Tuula	Kaarina
Aino	Riitta	Minna
Noora	Susanna	Tarja
Ella	Sirkka	Pinja
Vuokko	Pirjo	Marja
Päivi	Vilma	Leena
Eeva	Piia	

Miesten nimiä

Eetu	Jussi	Joni
Joonas	Ari	Jere
Aleksi	Matti	Petri
Veeti	Ilkka	Jukka
Olli	Tuomo	Timo
Konsta	Seppo	Sampo
Mika	Johannes	

Paikkakuntien ja paikkojen nimiä

Äänekoski Säynätsalo Köyliö Siuntio Ryölä Hauho Hausjärvi Heinola Helsinki

Suomen kielen vokaalit			
a	e	i	o
u	y	ä	ö

Suomen kielen konsonantit								
b	c	d	f	g	h	j	k	l	m
n	p	q	r	s	t	v	x	z	

2 Kuuntele ja kirjoita paikannimet vihkoon.

Mikä sinun nimesi on?

Miten se kirjoitetaan?

Michael Viitanen.

M-I-C-H-A-E-L Viitanen.

3 Kysy muilta opiskelijoilta heidän nimeään ja miten se kirjoitetaan. Kirjoita nimet vihkoon.

Numerot

0	nolla	21	kaksikymmentäyksi
1	yksi	22	kaksikymmentäkaksi
2	kaksi	23	kaksikymmentäkolme
3	kolme	24	kaksikymmentäneljä
4	neljä	25	kaksikymmentäviisi
5	viisi		
6	kuusi	30	kolmekymmentä
7	seitsemän	40	neljäkymmentä
8	kahdeksan	50	viisikymmentä
9	yhdeksän	60	kuusikymmentä
10	kymmenen	70	seitsemänkymmentä
11	yksitoista	80	kahdeksankymmentä
12	kaksitoista	90	yhdeksänkymmentä
13	kolmetoista	100	sata
14	neljätoista	101	satayksi
15	viisitoista	200	kaksisataa
16	kuusitoista	300	kolmesataa
17	seitsemäntoista	1 000	tuhat
18	kahdeksantoista	10 000	kymmenentuhatta
19	yhdeksäntoista	100 000	satatuhatta
20	kaksikymmentä	1 000 000	miljoona

4 Kuuntele ja toista numerot.

 5 Kuuntele ja kirjoita numerot vihkoon.

6 Kirjoita kysymykset tai numerot.

Kuinka monta? – Viisi.

Montako? – Viisi.

1. Kuinka monta?

 _____  _____

2. Montako?

 _____  _____

3. _____ ? – Seitsemän.

4. _____ ? – Seitsemän.

Tervehtiminen

Kappaleessa opitaan

- tervehdykset
- esittäytymään
- kuulumiset
- kertomaan kansalaisuus
- kertomaan, mitä kieltä joku puhuu
- persoonapronominit ja olla-verbi

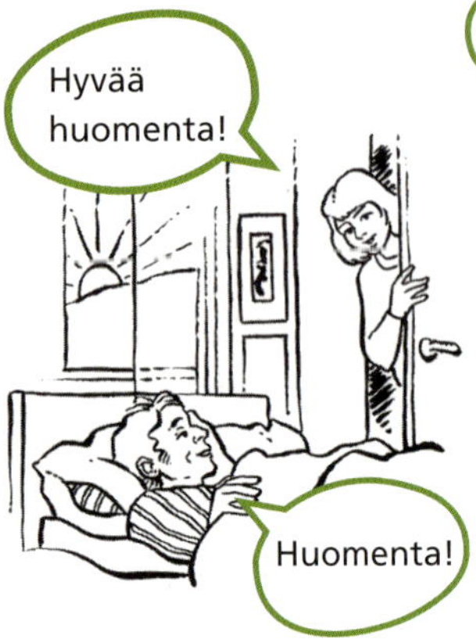

Esittäytyminen

Kuulumiset

Kari: Hei, Anna! Miten menee?
Anna: Hei, Kari! Hyvin! Entä sinulla?
Kari: Hyvin, kiitos.

Miten menee?
Hyvin, kiitos. / Hyvin. / Ihan kivasti./
Siinähän se. / Ihan okei.
Vähän heikosti. /
Ei kovin hyvin. Minulla on flunssa.

Mitä kuuluu?
Kiitos hyvää. / Hyvää, kiitos./
Eipä erikoista. / Ei ihmeempiä./ Mitäs tässä./
Vähän huonoa. /
Ei kovin hyvää. Olen vähän väsynyt.

1 Tervehdi kaikkia muita opiskelijoita ja opettajaa, esittäydy ja kysy kuulumiset.

2 Kirjoita puhekupliin oikeat tervehdykset.

klo 9.00   klo 14.00   klo 23.00

Näin kerrot itsestäsi

Sukunimi: Mattila
Etunimi: Jenni
Ikä: 23 vuotta
Kansalaisuus: suomalainen
Äidinkieli: suomi
Kotimaa: Suomi

Mikä sinun nimesi on? – Minun nimeni on **Jenni Mattila**.
Kuinka vanha sinä olet? – Minä olen **23 vuotta**.
Minkä maalainen sinä olet? – Minä olen **suomalainen**.
Mitä kieltä sinä puhut? – Minä puhun **suomea**.
Mistä sinä olet kotoisin? – Minä olen kotoisin **Suomesta**.

HUOMAA!

Suomalaiset vastaavat usein tällaisiin kysymyksiin lyhyesti 1–2 sanalla:
Mikä sinun nimesi on? – Kaisa Kettunen.

 Etsi teksteistä tiedot ja täydennä taulukko.

1 Niklas Lundell

Minä olen Niklas
Lundell. Minä olen
suomalainen.
Minä olen 26 vuotta.
Minä puhun ruotsia.
Minä olen kotoisin
Suomesta.

2 Manuela Gonzalez

Hei! Minä olen
Manuela Gonzalez.
Minä olen 47 vuotta.
Minä olen
argentiinalainen.
Minä puhun espanjaa.
Minä olen kotoisin
Argentiinasta.

3 Saba Neguse

Terve! Minä olen
Saba Neguse.
Minä olen 32 vuotta.
Minä olen
etiopialainen.
Minä puhun amharaa.
Minä olen kotoisin
Etiopiasta.

4 Wang Liu

Päivää! Minä olen
Wang Liu.
Minä olen 58 vuotta.
Minä olen kiinalainen.
Minä puhun kiinaa.
Minä olen kotoisin Kiinas

Etunimi ja sukunimi	Ikä	Kansalaisuus	Kieli
1.			
2. Manuela Gonzalez			
3.		etiopialainen	
4.	58		

Maa	Kansalaisuus	Kieli	Minä puhun ...
Ruotsi	ruotsalainen	ruotsi	ruotsia
Norja	norjalainen	norja	norjaa
Tanska	tanskalainen	tanska	tanskaa
Venäjä	venäläinen	venäjä	venäjää
Viro	virolainen	viro	viroa
Kanada	kanadalainen	englanti, ranska	englantia, ranskaa
Tunisia	tunisialainen	arabia, ranska	arabiaa, ranskaa
Peru	perulainen	espanja	espanjaa
Intia	intialainen	hindi	hindiä
Sudan	sudanilainen	arabia	arabiaa

4 **Kirjoita muiden opiskelijoiden nimi, kotimaa, kansalaisuus ja äidinkieli.**

Nimi	Kotimaa	Kansalaisuus	Äidinkieli

PERSOONAPRONOMINIT JA OLLA-VERBI

Persoonapronominit   **Olla-verbi**

	Positiivinen	Negatiivinen	
minä	olen	en	ole
sinä	olet	et	ole
hän	on	ei	ole
se	on	ei	ole

me	olemme	emme	ole
te	olette	ette	ole
he	ovat	eivät	ole
ne	ovat	eivät	ole

Mä oon Anne.

Minä olen Jenni.
Minä olen suomalainen.
Minä en ole ruotsalainen.

Puhekieli

mä	oon		mä	en oo
sä	oot		sä	et oo
se	on		se	ei oo
me	ollaan		me	ei olla
te	ootte		te	ette oo
ne	on		ne	ei oo

Sinä olet opiskelija.

Hän on Niklas.
Hän on suomalainen.

Tämä on kirja.
Se on englanti–suomi-sanakirja.

Nämä ovat kukkia.
Ne ovat ruusuja.

Me olemme kurssilla.
Te olette Suomessa.
He ovat ulkona.

Pronomineja **hän** ja **he** käytetään ihmisistä (miehistä ja naisista).

Pronomineja **se** ja **ne** käytetään eläimistä, asioista, tavaroista ja myös ihmisistä erityisesti puhekielessä.

5 Kirjoita.

1. Minä olen _____.

2. Minä olen _____.

3. Minä en ole _____.

4. Minä en ole _____.

6 Täydennä lauseet olla-verbillä.

1. Hän _____ 58 vuotta.

2. Sinä _____ ranskalainen.

3. Me _____ Suomessa.

4. Te _____ kurssilla.

5. He _____ Helsingissä.

6. Se _____ nimi.

7. Ne _____ ruusuja.

7 Kuuntele ja kirjoita.

1. Hän on _____ . Hän _____ espanjalainen.

   Pedro on _____ vuotta.

2. Kuka _____ olet? – Minä _____ Maria.

3. Mistä te olette _____ ? – Me olemme _____ .

4. Miten se kirjoitetaan? – _____

5. Minä _____ urdua.

Kirjoita omat tietosi lomakkeeseen.

Henkilötiedot

Sukunimi		Etunimi	
Syntymäaika		Syntymäpaikka	
Kansalaisuus		Äidinkieli	
Lähiosoite			
Postinumero		Postitoimipaikka	
Puhelin		Sähköpostiosoite	

Kappaleessa opitaan

- vaatteet ja värit
- kysymään, kuinka paljon jokin maksaa
- pyytämään ja kiittämään
- pyytämään anteeksi
- mittayksiköitä
- vokaaliharmonia

Kirpputorilla

Asiakas: Mitä tämä pusero maksaa?
Myyjä: Se maksaa 7 euroa.
Asiakas: Entä tämä huivi? Paljonko se on?
Myyjä: Se on euro viisikymmentä senttiä.
5 Asiakas: Anteeksi, mitä?
Myyjä: Euro viisikymmentä senttiä.
Asiakas: Hyvä on. Minä otan molemmat.
Myyjä: Kiitos. Ne tekevät yhteensä 8 euroa 50 senttiä.
Asiakas: Tässä, ole hyvä.
10 Myyjä: Kiitos.
Asiakas: Kiitos ja hei!
Myyjä: Hei, hei!

Kioskilla

Asiakas: Haluaisin nenäliinoja. Kuinka paljon yksi paketti maksaa?
Myyjä: Iso on 2 euroa, ja pienen hinta on
kahdeksankymmentä senttiä.
Asiakas: Ahaa. Yksi iso paketti, kiitos.
5 Myyjä: Tuleeko muuta?
Asiakas: Postimerkkejä.
Myyjä: Kuinka monta?
Asiakas: Kaksi.
Myyjä: 3 euroa 40 senttiä yhteensä.
10 Asiakas: Kiitos.
Myyjä: Hei!
Asiakas: Hei hei!

Hinnan kysyminen

Yksikkö

Mitä tämä/se maksaa?
Paljonko tämä/se maksaa?   – Se maksaa ...
Kuinka paljon tämä/se maksaa?   – Se on ...
Paljonko/Mitä se on?   – Sen hinta on ...
Mikä tämän/sen hinta on?

Monikko

Paljonko nämä ovat/maksavat?   – Ne maksavat ...
Kuinka paljon nämä maksavat/tekevät? – Ne ovat yhteensä ...
Mitä nämä tekevät (yhteensä)?   – Ne tekevät ...

1 Kysy pariltasi, mitä tavarat maksavat. Pari vastaa.

1. 8,50 euroa

2. 5 euroa

3. 12 euroa

4. 29,50 euroa

5. 1,90 euroa

6. 2,30 euroa

7. 4,70 euroa

8. 1,80 euroa

9. 0,65 euroa

10. 0,70 euroa

Antaminen ja kiittäminen

Anteeksipyytäminen

Mittayksiköt

1 kg	= 1 kilo(gramma)	1 m = 1 metri	1 l	= 1 litra
1 g	= 1 gramma	1 cm = 1 senttimetri	1 dl	= 1 desilitra

2 Täydennä torikeskustelut.

A Asiakas: Hei! Mitä maksaa litra mansikoita?

Kauppias: Litra _____ 4 euroa.

Asiakas: Minä _____ kaksi litraa.

Kauppias: Se tekee _____ euroa.

Asiakas: Tässä. Kiitos ja hei.

Kauppias: _____.

mansikat   4 euroa/litra
paprikat   3,40 euroa/kilo
perunat   1,80 euroa/kilo

B Asiakas: Moi! Mitä paprikat ovat kilo?

Kauppias: Ne ovat 3 euroa 40 senttiä _____.

Asiakas: Entä perunat?

_____ perunat ovat kilo?

Kauppias: _____ ovat

yksi euro 80 senttiä kilo.

Asiakas: Minä otan perunoita 2 kiloa.

Kauppias: Selvä. Se tekee 3 euroa 60 senttiä.

Asiakas: Kiitos.

Kauppias: _____.

3 Kuuntele hinnat ja kirjoita.

1. _____   3. _____   5. _____   7. _____

2. _____   4. _____   6. _____   8. _____

Vaatteet

1 pusero   **2** t-paita   **3** kauluspaita   **4** poolopaita

5 villapaita   **6** villatakki   **7** takki   **8** liivi

9 housut   **10** farkut   **11** hame   **12** mekko

13 aluspaita   **14** alushousut   **15** rintaliivit   **16** sukkahousut   **17** huivi

18 kaulaliina   **19** solmio   **20** uimapuku   **21** uimahousut   **22** hattu

23 lakki   **24** pipo   **25** käsineet (hanskat)   **26** lapaset   **27** kengät   **28** lenkkarit

29 kumisaappaat   **30** talvikengät   **31** vyö   **32** nenäliina   **33** sateenvarjo

4 Kirjoita, mitkä vaatteet sinulla on nyt päällä.

5 Mikä vaate ei kuulu joukkoon? Alleviivaa se.

A	**B**	**C**	**D**
1. pipo	1. rintaliivit	1. huivi	1. kumisaappaat
2. kaulaliina	2. solmio	2. lakki	2. käsineet
3. uimapuku	3. sukkahousut	3. vyö	3. lenkkarit
4. talvitakki	4. mekko	4. hattu	4. kengät

Värit

1. musta   **2.** valkoinen   **3.** harmaa

4. punainen   **5.** sininen

7. vihreä   **8.** oranssi

9. violetti

6. keltainen

10. ruskea

11. vaaleanpunainen

sininen   vaaleansininen   tummansininen

vihreä   vaaleanvihreä   tummanvihreä

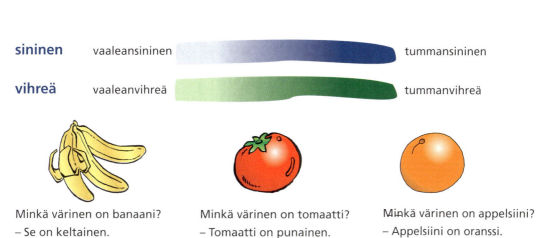

Minkä värinen on banaani?
– Se on keltainen.

Minkä värinen on tomaatti?
– Tomaatti on punainen.

Minkä värinen on appelsiini?
– Appelsiini on oranssi.

6 Kuvaile muille jonkun opiskelijan vaatetusta (esim. pusero on punainen,
on sininen jne.) Muut arvaavat, kuka opiskelija on kyseessä.

7 Kiertele luokassa kysymässä muilta opiskelijoilta, mikä on heidän lempivärinsä
ja millainen on heidän lempivaatteensa.

8 Piirrä vihkoon Leila ja Leilan vaatteet. Väritä kuva.

Leila on suomalainen tyttö. Hän on 15 vuotta vanha. Millaiset vaatteet hänellä on?

- Pusero on keltainen.
- Hame on harmaa.
- Villatakki on tummansininen.
- Sukkahousut ovat valkoiset, ja kengät ovat mustat.
- Laukku on ruskea.
- Huivi on oranssi.
- Sateenvarjo on violetti.

9 Kuuntele, minkä värinen mikäkin vaate on. Yhdistä väri ja vaate.

1.	t-paita		a.	keltainen
2.	farkut		b.	mustat
3.	huivi		c.	vihreä
4.	kaulaliina		d.	oranssi
5.	takki		e.	ruskea
6.	pipo		f.	violetti
7.	käsineet		g.	siniset
8.	villapusero		h.	harmaa

VOKAALIHARMONIA

Suomen kielen **vokaalit** ovat **a**, **e**, **i**, **o**, **u**, **y**, **ä** ja **ö**.
Takavokaalit ovat **a**, **o**, ja **u** ja **etuvokaalit** ovat **e**, **i**, **y**, **ä** ja **ö**.

Yhdessä sanassa on normaalisti vain takavokaaleja tai etuvokaaleja. Vokaaleita **e** ja **i** voi kuitenkin yhdistää myös takavokaalien kanssa. Asiaa kutsutaan **vokaaliharmoniaksi**. Suomalaisille sanojen ääntäminen on helppoa, kun sanassa on vain etuvokaaleita tai takavokaaleita.

koulu   kirja   kynä
laukku   tuoli   pöytä
           seinä
           väri

HUOMAA!

Poikkeuksia ovat jotkut lainasanat, esimerkiksi: **a**nal**yy**si, **o**l**y**mp**i**al**ai**set, j**u**r**y**.

 Kirjoita vihkoon lyhyt dialogi: Mitä myyjä ja asiakas puhuvat vaatekaupassa?

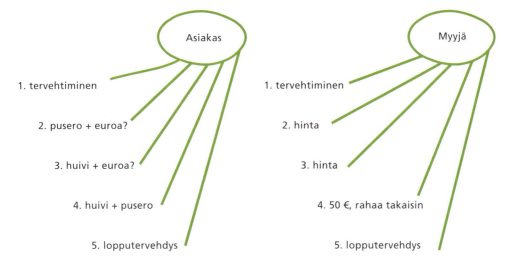

Asiakas

1. tervehtiminen

2. pusero + euroa?

3. huivi + euroa?

4. huivi + pusero

5. lopputervehdys

Myyjä

1. tervehtiminen

2. hinta

3. hinta

4. 50 €, rahaa takaisin

5. lopputervehdys

3

Vuodenajat Suomessa

Talvi

Joulukuu, tammikuu ja helmikuu ovat talvea. Talvi on Suomessa kylmä. Talvella sataa lunta ja on pimeää. Päivä on lyhyt ja yö on pitkä. Pohjois-Suomessa päivä on pimeä. Etelä-Suomessa on valoisaa muutama tunti päivässä.

Kevät

5 Maaliskuu, huhtikuu ja toukokuu ovat kevättä. Maaliskuussa on lunta ja pakkasta, mutta usein paistaa aurinko. Päivä ja yö ovat maaliskuussa noin 12 tuntia. Huhtikuussa ja toukokuussa päivä on pitkä. Aamulla ja illalla on valoisaa. Toukokuussa on lämmin. Puissa on vähän vihreää.

Kesä

Kesä on Suomessa noin kolme kuukautta: kesäkuu, heinäkuu ja elokuu. Kesällä on lämmin ja aurinko paistaa. Kesällä yö on lyhyt. Pohjois-Suomessa ei ole yötä; aurinko paistaa ja on valoisaa koko päivän. Kesällä on vihreää.

Syksy

Syksy on syyskuu, lokakuu ja marraskuu. Syksyn värit ovat keltainen, punainen
5 ja ruskea. Syksyllä sataa vettä ja tuulee. Illalla on pimeää.

Kuukaudet

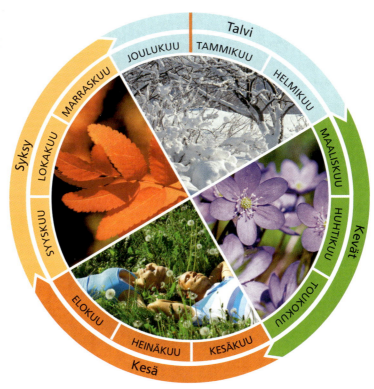

1 **Oikein vai väärin?**

	Oikein	Väärin
1. Talvi on lämmin.		
2. Kesällä paistaa aurinko.		
3. Syksyllä tuulee.		
4. Toukokuu on kevättä.		
5. Joulukuussa sataa lunta.		
6. Kesällä päivä on pitkä.		
7. Yö on lyhyt helmikuussa.		
8. Lokakuussa on vihreää.		

- Mikä kuukausi nyt on?
- Mikä oli edellinen kuukausi?
- Mikä on seuraava kuukausi?

Vastakohtia

lyhyt	–	pitkä
kylmä	–	lämmin
valoisa	–	pimeä
paljon	–	vähän

Viikonpäivät

maanantai
tiistai
keskiviikko } arkipäivät
torstai
perjantai

lauantai
sunnuntai } viikonloppu

LIIKE AVOINNA

ma–pe	klo 9–20
la	klo 9–18
su	suljettu

Hyvää/Hauskaa koulupäivää/työpäivää!
Hyvää/Hauskaa päivänjatkoa!
Hyvää/Hauskaa viikonloppua!

2 **Täydennä vastaus.**

1. Mikä päivä on tänään? – Tänään on _____ .

2. Mikä päivä on huomenna? – Huomenna on _____ .

3. Mikä päivä oli eilen? – Eilen oli _____ .

4. Mikä päivä on ylihuomenna? – Ylihuomenna on _____ .

5. Mikä päivä oli toissapäivänä? – Toissapäivänä oli _____ .

Ilmansuunnat

pohjoinen

luode   koillinen

länsi   itä

lounas   kaakko

etelä

Rovaniemi on Pohjois-Suomessa.

Jyväskylä on Keski-Suomessa.

Joensuu on Itä-Suomessa.

Pori on Länsi-Suomessa.

Helsinki on Etelä-Suomessa.

Mitä kello on? • Paljonko kello on?
• Kuinka paljon kello on?

- Kello on (tasan) kolme.

- Kello on puoli kolme.

- Kello on viisitoista (minuuttia) yli kaksi. = Kello on varttia yli kaksi.

- Kello on kymmenen (minuuttia) vaille kaksi.

Kello on 12.00. = On keskipäivä. = Kello on kaksitoista päivällä.

03.00 = Kello on kolme yöllä.

06.00 = Kello on kuusi aamulla

15.00 = Kello on kolme iltapäivällä.

Kello on 24.00. = On keskiyö. = Kello on kaksitoista yöllä.

60 sekuntia	=	1 minuutti	7 vuorokautta/päivää	=	1 viikko
60 minuuttia	=	1 tunti	4 viikkoa	=	1 kuukausi
24 tuntia	=	1 vuorokausi	12 kuukautta	=	1 vuosi

---

3 Kirjoita kellon alle, mitä kello on.

 1

 2

_____

 3

 4

_____

5

 6

_____   _____

_____   _____

 7

 8

 9

_____   _____   _____

_____   _____   _____

4 Kuuntele äänitteeltä, mitä kello on, ja piirrä viisarit.

 1

 2

 3

 4

 5

 6

 7

 8

 9

5 Kirjoita kellonaika.

12.05 = _Kello on viisi yli kaksitoista päivällä._ _____

1.   13.15 = _____

2.   18.25 = _____

3.   02.45 = _____

4.   09.35 = _____

5.   21.20 = _____

6.   10.10 = _____

MILLOIN JA MONELTAKO?

Milloin koulu alkaa ?   = Koska koulu alkaa? – Koulu alkaa maanantaina.
  – Koulu alkaa tammikuussa.

Moneltako koulu alkaa? = Mihin aikaan koulu alkaa? – Koulu alkaa yhdeksältä
  (= klo 9.00).

Milloin nähdään?   = Koska nähdään? – Nähdään huomenna
  kuudelta (= klo 18.00).

Milloin? = Koska?

Viikonpäivä	Kuukausi	Vuodenaika
maanantaina	tammikuussa	talvella
tiistaina	helmikuussa	keväällä
keskiviikkona	maaliskuussa	kesällä
torstaina	huhtikuussa	syksyllä
perjantaina	toukokuussa	
lauantaina	kesäkuussa	
sunnuntaina	heinäkuussa	
	elokuussa	
	syyskuussa	
Muita	lokakuussa	
arkena	marraskuussa	
viikonloppuna	joulukuussa	

Moneltako? = Mihin aikaan?

Kellonaika

yhdeltä
kahdelta
kolmelta
neljältä
viideltä
kuudelta
seitsemältä
kahdeksalta
yhdeksältä
kymmeneltä
yhdeltätoista
kahdeltatoista

 6 Kuuntele, milloin (kellonaika? päivä?) asiat tapahtuvat. Kirjoita viikonpäivä
oikean kellonajan alle.

Klo 16.00	Klo 22.00	Klo 9.00	Klo 12.00	Klo 14.00	Klo 19.00	Klo 13.00

Millainen ilma/sää on?

Aurinko paistaa. On lämmin.
Tänään on +25 °C lämmintä.

Sataa vettä.
Tuulee._

On ukonilma.

Sataa lunta. On kylmä.
Tänään on –23 °C pakkasta.

• **Millainen ilma tänään on?**   • **Kuinka monta astetta lämmintä on tänään?**

 Keskustele parin kanssa, millainen ilma on teidän kotimaassanne

• tammikuussa   • huhtikuussa   • heinäkuussa   • lokakuussa.

OLLA-VERBIN POSITIIVINEN IMPERFEKTI

Preesens
Tänään **on** tiistai.
Minä **olen** tänään
koulussa.

Imperfekti
Eilen **oli** maanantai.
Eilen minä **olin**
sairas.

Preesens tulee esimerkiksi silloin, kun lause alkaa sanoilla nyt, tänään, huomenna tai ensi vuonna.

Liisa **on** suomalainen tyttö.
Huomenna **on** hyvä ilma.
Nyt me **olemme** sisällä.

Yksikkö
minä	**olen**
sinä	**olet**
hän }	**on**
se	

Yksikkö
minä	**olin**
sinä	**olit**
hän }	**oli**
se	

Imperfekti tulee esimerkiksi silloin, kun lause alkaa sanoilla eilen, toissapäivänä, vuonna 2000 tai viime vuonna.

Monikko
me	**olemme**
te	**olette**
he }	**ovat**
ne	

Monikko
me	**olimme**
te	**olitte**
he }	**olivat**
ne	

Eilen **oli** kylmä päivä.
Vuonna 1999 **oli** lämmin kesä.
Me **olimme** viime tiistaina Tallinnassa, ja toissapäivänä minä **olin** Tukholmassa.

 Kirjoita säästä ja vuodenajoista sinun kotimaassasi.

Isä Ville,
Niina, Jessica
ja Joni

Äiti Leena

Isoisä Paavo & isoäiti Sirkka

Kappaleessa opitaan

- kertomaan perheestä
- kertomaan omasta asumisesta
- huonekaluja
- adjektiiveja
- kysymyksiä

Mäkisen perhe ja koti

Tässä kuvassa on Mäkisen perhe. Leena Mäkinen on 32 vuotta. Hän on naimisissa Ville Mäkisen kanssa. Leena on Villen vaimo ja Ville on Leenan mies. Ville on 30 vuotta vanha.

Perheessä on kolme lasta, tyttö Niina on 8 vuotta. Poika Joni on
5 5 vuotta. Toinen tyttö Jessica on 1 vuotta. Leena on nyt kotiäiti ja Ville on työssä postissa.

Mäkiset asuvat kerrostalossa Kotkassa. Heidän asunnossaan on 3 huonetta: olohuone, makuuhuone, lastenhuone, pieni keittiö ja kylpyhuone. Asunto on pieni. Niina ja Joni ovat samassa huonees-
10 sa. Asunto on mukava ja valoisa.

Leenan vanhemmat Sirkka ja Paavo Harjula asuvat omakotita-lossa maalla, Orimattilassa. Isoäiti Sirkka on 58 vuotta vanha ja iso-isä Paavo on 67 vuotta.

Heidän talonsa on iso. Talossa on viisi huonetta, keittiö, pesu-
15 huone ja sauna. Talo on jo vanha. Olohuone on kesälläkin pimeä, koska ikkunan edessä on iso puu.

a) Lue teksti, katso kuvia ja täydennä tiedot.

1. Leena Mäkinen, äiti, 32 vuotta

2. Ville, _____

3. Niina, _____

4. Joni, _____

5. Jessica, _____

Minun veli on _____.

Minun sisko on _____.

Niina

Joni

Minä asun
kerrostalossa
A-rapussa.

Kesällä asun
kesämökissä.

Minä asun
omakoti-
talossa.

Minä asun
rivitalossa.

1 **b) Katso kuvaa ja täydennä huoneiden nimet.**

Asunnot

A Nimi: _____ Mäkinen

1 _____ huone

2 _____ huone

3 _____ huone

4 _____ huone

5 keittiö

B Nimi: _____ Harjula

1 _____ huone

2 _____ huone

3 _____ huone

4 _____ huone

5 _____ huone

6 _____ huone

7 keittiö, 8 sauna, 9 autotalli

Kysymyksiä

Kuinka monta huonetta sinun asunnossasi on?/

Montako huonetta sinun asunnossasi on?

} – Kolme huonetta ja keittiö.

Millainen/Minkälainen sinun asuntosi on?   – Kaunis.

2 **Kysy vierustoveriltasi.**

1. Kuinka vanha sinä olet?

2. Kuinka vanha sinun mies/vaimo on?

3. Kuinka monta huonetta sinun asunnossasi on?

4. Millainen sinun asuntosi on?

Katso kuvaa. Merkitse, missä huoneessa huonekalut ovat.

Huonekalut	Olohuone	Keittiö	Makuuhuone	Kylpyhuone
sohva				
ruokapöytä		X		
sänky				
nojatuoli				
kirjahylly				
pesuallas				
tiskiallas				
hella				
sohvapöytä				
vessanpönttö				
yöpöytä				
jääkaappi				
tuoli				
lipasto				
jalkalamppu				
suihku				
pesukone				

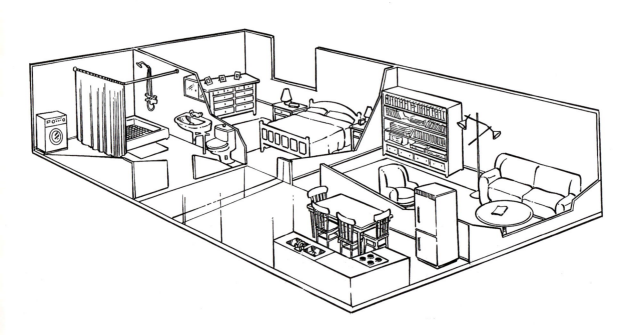

Millainen? / Minkälainen?

Nämä sanat ovat adjektiiveja. Ne vastaavat kysymykseen millainen? / minkälainen?

1 iso, suuri    pieni

10 hidas   nopea

2 lyhyt    pitkä

11 kylmä   kuuma

3 pehmeä    kova

12 kallis   halpa

4 terve    sairas

13 uusi   vanha

5 valoisa 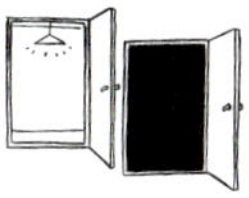   pimeä

14 nuori   vanha

6 ohut 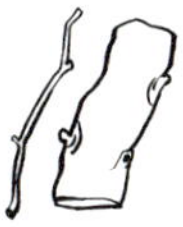   paksu

15 hyvä   huono

7 helppo **1+1=2**   **13x5,95=?** vaikea

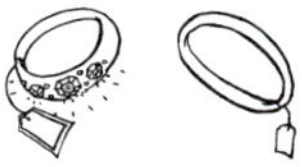

16 hyvä    paha

8 kaunis   ruma

17 rikas    köyhä

9 puhdas   likainen

18 leveä    kapea

4   **Vastaa kysymyksiin.**

1   Kuka on vanha?   _____

     Millainen Pasi on?   _____

Tiina   Pirjo

2   Kuka on lyhyt?   _____

     Millainen Pirjo on?   _____

3   Kuka on sairas?   _____

     Millainen Heikki on?   _____

Heikki   Olli

4   Kuka on köyhä?   _____

     Millainen Tauno on?   _____

Tauno   Pertti

5   Kuka on lihava?   _____

     Millainen Kauko on?   _____

Teemu   Kauko

5   **Katso kuvaa ja yhdistä sanat.**

1. lusikka   a. kahvi

2. veitsi   b. mehu

3. haarukka   c. puuro

4. kuppi   d. margariini

5. lasi   e. makkara

6. lautanen   f. puuro

 **Kuuntele ja tee harjoitukset.**

A   Kirjoita etunimi ja ikä.

1.   Isä: _____ Mattila, _____ vuotta.

2.   Äiti: _____ Mattila, _____vuotta.

3.   Tyttö: _____ , _____ vuotta.

4.   Tyttö: _____ , _____ vuotta.

B   Alleviivaa sitten oikea vastaus.

1. Asunto on   a) omakotitalossa   b) kerrostalossa   c) rivitalossa.

2. Asunnossa on   a) makuuhuone   b) sauna   c) olohuone   d) keittiö.

3. Asunto on   a) pieni   b) pimeä   c) kaunis.

Kysymyksiä

Kuinka vanha sinä olet?   –   Minä olen 25 vuotta.
Minkä ikäinen sinä olet?   –   Minä olen 25 vuotta.

Kuinka vanha sinun poikasi on?   –   Hän on 3 vuotta.
Kuinka vanha sinun talosi on?   –   Se on 15 vuotta vanha.

Mikä tämä on?   –   Se on sohva.
Mitkä nämä ovat?   –   Ne ovat kengät.
Mikä tämä on suomeksi?   –   Se on postimerkki.

Millainen/Minkälainen sinun asuntosi on? –   Se on kaunis ja iso.
Millainen sinun keittiösi on?   –   Se on pieni.
Millainen sinun naapurisi on?   –   Hän on mukava nainen.
Millainen sää on tänään?   –   Aurinko paistaa.

   Keskustele parin kanssa sinun perheestäsi.

   Kirjoita perheellesi tai ystävällesi, millainen sinun asuntosi on. Katso kaaviota ja vastaa kysymyksiin. Katso myös asuntojen kuvia tässä kappaleessa.

Kappaleessa opitaan

- eläinten nimiä
- omistusrakenne (minulla on)
- sanavartaloita

Leenalla on uusi naapuri

On kevät. On ensimmäinen kaunis kevätpäivä. Aurinko paistaa ja on lämmin. Leena katsoo ulos ikkunasta.

Leena: Kylläpä tämä keittiön ikkuna on likainen. Minä pesen sen heti! Kun ikkuna on puhdas, Leena ottaa roskapussin ja
5   vie sen ulos.

Eräs nainen on pihalla ja sanoo: "Hei! Minä olen uusi tässä talossa. Missä täällä on pyörävarasto?"

Leena: Hei! Olen Leena Mäkinen. Tervetuloa taloon! Missä rapussa sinä asut?
10 Päivi: Minä olen Päivi Pääkkönen ja asun C-rapussa. Minä olen tosi iloinen, koska minulla on nyt iso ja valoisa kaksio. Aikaisemmin minulla oli vain pieni yksiö ja keittokomero.

Leena: Ai, sehän on kiva. Meillä on A-rapussa neljä huonetta ja keittiö. Se on vähän pieni asunto, koska meillä on kolme lasta ja koira. Onko sinulla lapsia?

Päivi: Joo, minulla on pieni vauva, Johannes. Minulla on myös kissa. Anteeksi, minulla on vähän kiire sisälle, koska minun pikkusisko on yksin Johanneksen kanssa.

Leena: Niin, pyörävarasto on tässä oikealla.

Päivi: Kiitos avusta! Nähdään myöhemmin. Hei, hei!

Leena: Hei!

1 **Lue teksti ja vastaa kysymyksiin.**

1. Millainen ilma on?

2. Miksi Leena menee ulos?

3. Millainen asunto Päivillä on nyt?

4. Mikä on vauvan nimi?

2 **Täydennä lauseet sopivalla sanalla. Voit etsiä sanan tekstistä.**

1. Meillä on 5 huonetta ja keittiö. Meillä on iso _____ .

2. Me asumme B-_____ .

3. Oikealla on _____ , jossa on vanha lastenpyörä.

4. On kaunis päivä. Lapset ovat _____ .

5. Leena pesee lattian. Nyt se on _____ .

OMISTAMINEN

Positiivinen

minä	olen	minulla	on
sinä	olet	sinulla	on
hän	on	hänellä	on
se	on	sillä	on

me	olemme	meillä	on
te	olette	teillä	on
he	ovat	heillä	on
ne	ovat	niillä	on

Negatiivinen

minulla	ei ole
sinulla	ei ole
hänellä	ei ole
sillä	ei ole

meillä	ei ole
teillä	ei ole
heillä	ei ole
niillä	ei ole

Myös nimeen voi lisätä **-lla/-llä + on**.

Liisa**lla on** pitkä tukka.
Päivi**llä on** kaksi lasta.

Jos nimi loppuu konsonanttiin,

   lisätään ylimääräinen -i-.

Joel**illa** on uusi auto.
Maarit**illa** on hieno laukku.

 Puhekieli

mulla	on / ei ole
sulla	on / ei ole
sillä	on / ei ole
meillä	on / ei ole
teillä	on / ei ole
niillä	on / ei ole

Minä olen taksinkuljettaja.
Minulla on auto.
Hän on Anni Hautala.
Hänellä on matkalaukku.

Kysymyksiä ja vastauksia

Kenellä on vauva?   – Päivillä on vauva.
Kenellä on uusi naapuri?   – Leenalla.

Onko Päivillä polkupyörä?
Onko Päivillä auto?   – On. / Kyllä. / Joo.
Onko sinulla televisio?   – Ei ole. / Ei.
Onko sinulla polkupyörä?

HUOMAA!

Minä olen opiskelija.   Minu**lla on** pitkä tukka.
Minä olen 20 vuotta.   Minu**lla on** nälkä.
                             Minu**lla on** jano.

                             Minu**lla on** kylmä.
                             Minu**lla on** kuuma.
                             Minu**lla on** kiire.

1 Jos omistaja on **elollinen** (ihminen tai eläin),   Päivi**llä on** auto.
   tulee **-lla/-llä + on**.   Minu**lla on** silmälasit.
                                                        Kissa**lla on** viikset.

2 Jos omistaja on **eloton**, tulee **-ssa/-ssä + on**.   Talo**ssa on** hissi.
                                                          Juna**ssa on** ravintolavaunu.

Sanatyypit ja niiden vartalot

Kaikkien sanojen loppuun ei voi suoraan lisätä päätettä (esim. **-lla**), vaan sanalla on erityinen taivutusvartalo. On kuitenkin paljon sanoja, joiden vartalo on sama kuin perusmuoto, esimerkiksi **vaimo : vaimolla, isä : isällä.**

Tässä on kuusi yleistä sanatyyppiä ja niiden vartalot.

1	-i	⟶	-e-	(pieni	:	piene-)	**Piene**llä vauvalla on iso pää.
2	-e	⟶	-ee-	(perhe	:	perhee-)	**Perhee**llä on iso asunto.
3	-nen	⟶	-se-	(nainen	:	naise-)	**Naise**lla on pieni lapsi.
4	-si	⟶	-de-	(uusi	:	uude-)	**Uude**lla naapurilla on kissa.
5	-us	⟶	-ukse-	(vanhus	:	vanhukse-)	**Vanhukse**lla on kävelykeppi.
6	-in	⟶	-ime-	(eläin	:	eläime-)	**Eläime**llä on usein häntä.

HUOMAA!

mies : miehellä
poika : pojalla

Kalle · Eeva · Tapio · Jussi · Laila · Niina · Jyri · Irma

3 **Katso kuvaa ja vastaa kysymyksiin.**

1. Kenellä on kukka? _____

2. Kenellä on kamera? _____

3. Kenellä on pitkä tukka? _____

4. Kenellä on huivi? _____

5. Kenellä on silmälasit? _____

6. Kenellä on vauva? _____

7. Kenellä on viikset? _____

8. Kenellä on kuuma? _____

4 **Kysy parilta, mitä hänellä on**

- eteisessä
- olohuoneessa
- keittiössä
- taskussa
- laukussa
- lompakossa.

5 **Katso piirrosta ja kirjoita vihkoon lauseita, joissa kerrot, kenellä on mitä.**

6 Kuuntele äänitteeltä kuvaus ja merkitse, onko väite oikein vai väärin.

Oikein   Väärin

1. Katja asuu Turussa.
2. Hänellä on suuri asunto.
3. Asunnossa ei ole parveketta.
4. Katjalla on sohva.
5. Hänellä on kukkia.
6. Keijo asuu naapurissa.
7. Keijolla on lapsi.
8. Keijolla on vaimo.

Eläimiä

1 kissa   **2** koira   **3** lehmä

4 sika   **5** kana   **6** lammas

7 vuohi   **8** hevonen   **9** poro

10 hyttynen   **11** kärpänen   **12** mehiläinen

13 perhonen   **14** muurahainen   **15** lepakko

16 sammakko   **17** käärme   **18** lintu   **19** kala

20 hirvi **21** karhu **22** kettu **23** susi

24 orava **25** tiikeri **26** leijona

27 apina **28** kameli **29** seepra **30** kirahvi

31 sarvikuono **32** virtahepo **33** norsu

7 **Mikä ei kuulu joukkoon?**

1. asunto	1. orava	1. varasto	1. mehiläinen
2. yksiö	2. karhu	2. kellari	2. norsu
3. huoneisto	3. lehmä	3. pysäkki	3. perhonen
4. polkupyörä	4. susi	4. rappu	4. hyttynen

 Kirjoittaminen

Olet yhden viikon lomalla Nairobissa, Keniassa. Kirjoita ystävällesi:

- millainen ilma on
- mitä sinulla on mukana
- millainen hotelli on
- mitä hotellissa on
- millainen kaupunki on
- mitä kaupungissa on.

Minä pesen vähän pyykkiä ja neulon villapuseroa. Entä sinä?

Mitä sinä teet tänään illalla?

Minä näen Ollin illalla. Me menemme elokuviin.

Kappaleessa opitaan

- kulkuvälineet
- harrastuksia
- verbityypit ja preesenstaivutus
- -ko/-kö-kysymys

Tero opiskelee ja käy työssä

Tänään Tero Tahvanainen herää seitsemältä. Hän käy suihkussa ja pesee hampaat.

Hän syö puuroa ja juo kahvia. Sitten hän lukee sanomalehteä ja katsoo myös vähän televisiota.

5   Tero lähtee kotoa puoli yhdeksältä. Hän menee bussilla yliopistolle. Tero on opiskelija. Hän opiskelee englantia. Tero istuu kirjastossa monta tuntia. Kello kolme hän menee uimahalliin. Tero ui kaksi tai kolme kertaa viikossa. Joskus hän käy myös kuntosalilla.

Tero urheilee paljon.

10   Kello viisi Tero menee työhön. Hän on työssä R-kioskilla. Hän tarvitsee rahaa, koska hän matkustaa kesällä Lontooseen. Työt loppuvat kello yhdeksän.

Illalla Tero katsoo televisiota, kun puhelin soi.

Tero:	Tero Tahvanainen.
Jussi:	No, Jussi tässä hei!
Tero:	No hei, mitäs sinulle kuuluu?
Jussi:	Mitäs tässä. Ihan hyvää. Entäs sinulle?
5 Tero:	Hyvää. Olen vain väsynyt. Oli pitkä päivä.
Jussi:	Samoin. Kuule, lähdetkö minun kanssani huomenna kuntosalille?
Tero:	Joo. Kyllä se sopii. Mihin aikaan?
Jussi:	Sopiiko vaikka kuudelta illalla?
Tero:	Ehkä myöhemmin, koska minulla on kurssi
10	illalla. Se loppuu puoli seitsemältä.
Jussi:	No, käykö varttia vaille seitsemän?
Tero:	Se käy hyvin.
Jussi:	Selvä, nähdään sitten!
Tero:	Joo, kiva nähdä. Moi, moi!
15 Jussi:	Heippa!

 **1** **Lue teksti ja vastaa kysymyksiin.**

1. Milloin Tero herää?

2. Mihin aikaan hän lähtee kotoa?

3. Mitä Tero tekee kirjastossa?

4. Mitä hän tekee uimahallissa?

5. Koska työ alkaa?

6. Missä hän on työssä?

Kulkuvälineet = Ajoneuvot

1 auto   **2** pakettiauto   **3** kuorma-auto   **4** rekka

5 bussi   **6** juna   **7** metro

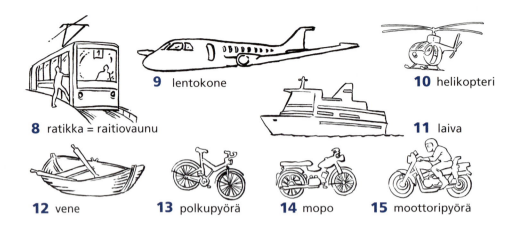

9 lentokone

10 helikopteri

8 ratikka = raitiovaunu

11 laiva

12 vene   **13** polkupyörä   **14** mopo   **15** moottoripyörä

Millä sinä tulet kouluun? – Minä tulen kouluun bussi**lla**.
Millä sinä menet Tampereelle?   – Minä menen Tampereelle juna**lla**.
Millä sinä matkustat Tallinnaan?   – Minä matkustan laiva**lla**.

HUOMAA!
Millä sinä menet työhön? – Minä menen **jalkaisin/kävellen**.

 Kuuntele ja vastaa kysymyksiin.

1. Millä Matti menee normaalisti työhön?

_____

2. Entä tänään?

_____

3. Kuinka kauan työmatka kestää pyörällä?

_____

4. Millä hän matkustaa keskustaan?

_____

5. Millä Pirjo menee työhön?

_____

6. Kuinka kauan Pirjon matka kestää?

_____

7. Mitä Pirjo ja Matti tekevät usein illalla?

_____

VERBITYYPIT JA PREESENSTAIVUTUS

Verbin preesensmuoto tehdään verbivartalosta ja persoonapäätteistä.

1. infinitiivi = perusmuoto **vartalo** **persoonapääte**

puhu~~n~~ ⟶ puhu-

+ -n
+ -t
+ -a / -e / -i / -o / -u / -y / -ä / -ö
+ -mme
+ -tte
+ -vat/-vät

Verbityyppi 1 (-a/-ä-verbit)

ASUA asu~~a~~ ⟶ asu-

minä	asun	me	asumme
sinä	asut	te	asutte
hän	asuu	he	asuvat

Verbityyppi 2 (-da/-dä-verbit)

SYÖDÄ syö~~dä~~ ⟶ syö-

minä	syön	
sinä	syöt	
hän	syö	Verbityypissä 2 ei tule ylimääräistä vokaalia yksikön 3. persoonaan.
me	syömme	
te	syötte	
he	syövät	

Verbityyppi 3 (-la/-lä, -ra/-rä, -na/-nä ja -sta/-stä -verbit)

TULLA tul~~la~~ + -e- ⟶ tule-   **MENNÄ** men~~nä~~ + -e- ⟶ mene-

minä	tulen		minä	menen
sinä	tulet		sinä	menet
hän	tulee		hän	menee
me	tulemme		me	menemme
te	tulette		te	menette
he	tulevat		he	menevät

PESTÄ	pes~~tä~~ + -e- ➜ pese-		**PURRA**	pur~~ra~~ + -e- ➜ pure-
minä	pese**n**		minä	pure**n**
sinä	pese**t**		sinä	pure**t**
hän	pese**e**		hän	pure**e**
me	pese**mme**		me	pure**mme**
te	pese**tte**		te	pure**tte**
he	pese**vät**		he	pure**vat**

Verbityyppi 4 (**-ta/-tä**-verbit)

SIIVOTA	siivo~~ta~~ ➜ siivoa-		**HERÄTÄ**	herä~~tä~~ ➜ herää-	
minä	siivoa**n**		minä	herää**n**	Jos vartalossa on kaksi
sinä	siivoa**t**		sinä	herää**t**	samaa vokaalia valmii-
hän	siivoa**a**		hän	herää	na, ei yksikön 3. per-
me	siivoa**mme**		me	herää**mme**	soonaan enää tarvitse
te	siivoa**tte**		te	herää**tte**	lisätä vokaalia.
he	siivoa**vat**		he	herää**vät**	

Verbityyppi 5 (**-ita/-itä**-verbit)

TARVITA tarvi~~ta~~ + -se- ➜ tarvitse-

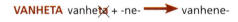

minä	tarvitse**n**	
sinä	tarvitse**t**	Kaikki **-ita/-itä**-loppuiset verbit eivät ole
hän	tarvitse**e**	5-tyypin verbejä, vaan osa on 4-tyypin
me	tarvitse**mme**	verbejä: esim. **hävitä**.
te	tarvitse**tte**	
he	tarvitse**vat**	

Verbityyppi 6 (**-eta/-etä**-verbit)

VANHETA vanhe~~ta~~ + -ne- ➜ vanhene-

minä	vanhene**n**	
sinä	vanhene**t**	Kaikki **-eta/-etä**-verbit eivät ole 6-tyypin
hän	vanhene**e**	verbejä, vaan osa on 4-tyypin verbejä:
me	vanhene**mme**	esim. **haljeta**.
te	vanhene**tte**	
he	vanhene**vat**	

HUOMAA!

Persoonapronominit: **minä, sinä, me** ja **te** voi jättää pois. Persoonapääte verbissä riittää.

Minä opiskelen suomen kieltä. **Opiskelen** suomen kieltä.
Me menemme elokuviin huomenna. **Menemme** elokuviin huomenna.

HUOMAA!

He puhu**vat** suomea.
Jutta ja Karin asu**vat** Ruotsissa.
Koira**t** leikki**vät** ulkona.
Maijan silmä**t** o**vat** auki.

Jos sanan loppuun on lisätty **-t** (koira + -t ➝ koira**t**), kyseessä on **monikko** (sanan nomi-
natiivimuoto). Silloin myös verbistä käytetään monikon 3. persoonan muotoa. Monikosta
puhutaan lisää kirjan kappaleessa 20 (s. 149).

Puhekielessä minä- ja **sinä-**pronominit ovat muodossa **mä** ja **sä.**
Hän- ja **he-**persoonissa käytetään usein **se-** ja **ne-**pronomineja.
Lisäksi verbi taipuu yksikössä myös **ne-**sanan
kanssa. **Me-**persoonassa puhekielessä käytetään
passiivia (ks. kappale 19).

Mitä kieltä se
puhuu?

Bonjour Monsieur
Lejeune!
Comment allez-
vous?

Ehkä se puhuu
ranskaa.
Ranskassa ne
puhuu ranskaa.

mä puhun	me puhutaan
sä puhut	te puhutte
se puhuu	ne puhuu

Puhekielessä jotkut verbit myös lyhenevät:

minä menen ➝ mä **meen**
minä tulen ➝ mä **tuun**
minä katson ➝ mä **katon**
minä tarvitsen ➝ mä **tarvin**, mä **tartten**

HUOMAA!

Huomaa seuraavien verbien taivutus.

	TEHDÄ		**NÄHDÄ**		**JUOSTA**
minä	te**en**	minä	nä**en**	minä	juo**ksen**
sinä	te**et**	sinä	nä**et**	sinä	juo**kset**
hän	te**kee**	hän	nä**kee**	hän	juo**ksee**
me	te**emme**	me	nä**emme**	me	juo**ksemme**
te	te**ette**	te	nä**ette**	te	juo**ksette**
he	te**kevät**	he	nä**kevät**	he	juo**ksevat**

Tee parin kanssa verbeistä esimerkkilauseita vuorotellen eri persoonissa.

Verbejä

1 istua   2 riisua   3 nousta   4 seisoa

5 mennä   7 tulla   9 panna, laittaa   10 syödä
6 viedä   8 tuoda

11 purra   12 juoda   13 katsoa   14 nähdä   15 opiskella,
                         (televisiota)   lukea

16 ajaa   17 urheilla   19 juosta   20 uida
          18 pelata

21 neuloa   22 tiskata   23 siivota   24 myydä

25 ostaa   27 käydä   28 puhua   29 laulaa
26 maksaa   (kaupassa)

30 tanssia   31 hymyillä   32 nauraa

Kysymyksiä ja vastauksia

Mitä sinä teet?   – Minä siivoan. / Siivoan.

Mitä Tuula tekee?   – Hän opiskelee.

Mitä te teette?   – Me tanssimme. / Tanssimme.

Mitä Tuula ja Terhi tekevät?   – He puhuvat puhelimessa.

4   Mitä sinä teet usein, joskus, et koskaan? Merkitse rastilla.

	usein	joskus	en koskaan
1. Minä juon kahvia.			
2. Minä syön suklaata.			
3. Minä uin.			
4. Minä pelaan jalkapalloa.			
5. Minä katson televisiota.			
6. Minä kävelen.			
7. Minä urheilen.			
8. Minä ajan autoa.			
9. Minä käyn elokuvissa.			
10. Minä puhun puhelimessa.			
11. Minä siivoan.			
12. Minä tiskaan.			
13. Minä tanssin.			

5   Katso kuvaa ja kirjoita, mitä hän tekee.

1. _____

2. _____

3. _____

4. _____

5. _____

6. _____

7. _____

8. _____

1 Kaisa   **2** Tero   **3** Pekka   **4** Tiina   **6** Ari   **5** Simo   **7** Sari   **8** Mika

6 Kiertele kysymässä kurssikavereiltasi, mitä he tekevät tänään.

7 Kirjoita verbi oikeaan lauseeseen. Verbit ovat perusmuodossa. Taivuta verbiä oikeassa persoonassa.

katsoa	harrastaa	luistella	käydä	asua	haluta	rakastaa
olla	myydä	tehdä	pelata	mennä	juosta	sanoa
opiskella	syödä	saada	kerätä	pyöräillä	toivoa	etsiä

Jussi (1) _____ paljon urheilua. Hän (2) _____ jalkapal-

loa ja tennistä. Hän (3) _____ usein aamulla viisi kilometriä puistos-

sa. Talvella hän (4) _____ ja kesällä hän (5) _____.

Jussilla on myös muita harrastuksia. Hän (6) _____ postimerkkejä.

Torstaisin hän (7) _____ italiaa työväenopistossa. Joskus Jussi on lais-

ka. Silloin hän (8) _____ televisiota kotona ja (9) _____

pop cornia.

Jussi (10) _____ yksin, mutta hänellä on tyttöystävä Reija. Reija ja

Jussi (11) _____ usein elokuvissa. He myös (12) _____

yhdessä ruokaa silloin tällöin. He (13) _____ italialaista ruokaa: pit-

saa ja spagettia. Jussi itse (14) _____ näin:

"Nyt minä (15) _____ työssä huonekalukaupassa. Minä (16)

_____ siellä mattoja. Tulevaisuudessa minä (17) _____

työhön urheiluliikkeeseen, koska urheilu on minulle rakas harrastus. Me

Reijan kanssa (18) _____ naimisiin ensi kesänä. Me (19)

_____ nyt isoa asuntoa, koska (20) _____, että pian

(21) _____ lapsia."

8 Keskustele parin kanssa, mitä sinä teet

- keittiössä
- makuuhuoneessa
- koulussa
- ravintolassa
- urheiluhallissa
- kahvilassa

- olohuoneessa
- kylpyhuoneessa
- diskossa
- pankissa
- bussissa
- ulkona.

Harrastuksia

Mitä sinä harrastat?
Mitä teet vapaa-aikanasi?
Onko sinulla jokin harrastus?

– Minä harrastan urheilua.
– Minä käyn kuntosalilla.
– Minä tanssin ja pelaan sulkapalloa.

Urheiluharrastuksia

1 juoksu **2** kävely **3** uinti **4** pyöräily **5** sulkapallo

6 koripallo **7** jalkapallo **8** squash **9** sähly **10** jääkiekko

11 tennis **12** nyrkkeily **13** tanssi **14** rullaluistelu **15** jumppa **16** sauvakävely

Muita harrastuksia

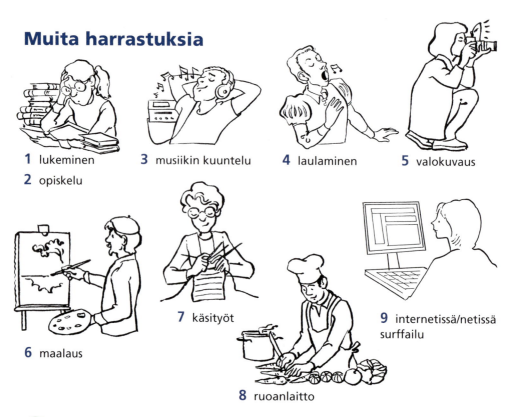

1 lukeminen
2 opiskelu

3 musiikin kuuntelu

4 laulaminen

5 valokuvaus

6 maalaus

7 käsityöt

8 ruoanlaitto

9 internetissä/netissä surffailu

9 Kiertele kysymässä muilta, onko heillä jokin harrastus.

-KO/-KÖ-KYSYMYS

Verbistä tehdään kysymys **-ko/-kö**-liitteen avulla.
Samalla persoonapronominin ja verbin järjestys vaihtuu.

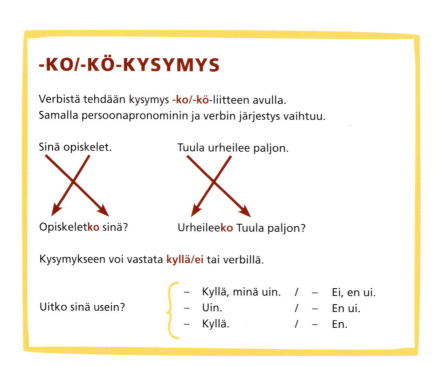

Sinä opiskelet.

Opiskelet**ko** sinä?

Tuula urheilee paljon.

Urheilee**ko** Tuula paljon?

Kysymykseen voi vastata **kyllä/ei** tai verbillä.

Uitko sinä usein?

- Kyllä, minä uin. / – Ei, en ui.
- Uin. / – En ui.
- Kyllä. / – En.

10 Kysy pariltasi. Keksi itse lisää kysymyksiä.

1. Oletko sinä suomalainen?

2. Puhutko sinä englantia?

3. Asutko sinä kerrostalossa?

4. Katsotko sinä paljon televisiota?

5. Ajatko sinä usein autolla?

6. Urheiletko sinä paljon?

7. Juotko sinä kahvia?

8. Pelaatko sinä golfia?

9. Syötkö sinä tänään pitsaa?

10. Käytkö sinä kuntosalilla?

11. Harrastatko sinä sauvakävelyä?

12. Surffailetko sinä netissä?

11 Tee -ko/-kö-kysymys.

Kysymys

Vastaus

1. _____? – Ei, minä en ole naimisissa.

2. _____? – Ei, minä juon aamulla teetä.

3. _____? – Kyllä, katson elokuvat ja urheilua.

4. _____? – En, mutta puhun italiaa.

5. _____? – Kyllä, kävelen, juoksen ja uin paljon.

6. _____? – Ei, menen metrolla työhön.

7. _____? – Tanssin.

 Kirjoita, millainen on tavallinen päivä tai viikko sinun elämässäsi.

Olen kokki. Minä valmistan ruokaa ravintolassa. Pidän ruoanlaitosta.

Kappaleessa opitaan

- ammatteja
- pitää-/tykätä-verbin käyttöä
- verbien astevaihtelu
- verbien negatiivinen preesenstaivutus

Terhi tykkää sihteerin työstä

Terhi Kukkolan ammatti on sihteeri. Hän on työssä isossa lääke-yrityksessä.

Tänään Terhi menee työhön kello kahdeksan. Normaalisti hän ei mene työhön näin aikaisin, mutta nyt on kiireinen päivä edessä. 5 Onneksi Terhillä alkaa loma ensi viikolla. Silloin hän nukkuu pit-kään. Lomalla Terhi ei ajattele työtä tai kiirettä. Hän ei edes pane herätyskelloa soimaan.

Työpaikalla Terhi katsoo aina ensin kalenterista, mikä on päi-vän ohjelma. Sitten hän keittää kahvia, sillä hänen pomonsa Maisa 10 Rasa juo paljon kahvia. Terhi itse ei juo kahvia. Terhi hakee sano-malehdet ja vie ne Maisan pöydälle. Hän kirjoittaa pari kirjettä ja vastaa vähän väliä puhelimeen. Hän merkitsee kalenteriin, milloin Maisalla on tapaaminen tai kokous. Terhi avaa Maisan postin, heittää turhat mainoskirjeet roskiin ja jättää muut kirjeet Maisan laatikkoon.

Kello kaksitoista Terhi syö lounasta. Hän ei mene työpaikan ruokalaan, vaan hänellä on mukana salaatti ja hedelmä.

Iltapäivällä Terhi soittaa pari puhelua ulkomaille. Hän puhuu hyvin ruotsia, englantia, saksaa ja ranskaa. Hän opiskelee myös venäjää, mutta ei vielä puhu sitä paljon.

Terhi pitää sihteerin työstä, mutta hän ei pidä kiireestä. Jokainen päivä on vähän erilainen. Se on mukava asia.

1 **Lue teksti ja vastaa kysymyksiin.**

1. Mikä on Terhin ammatti?

2. Milloin Terhin loma alkaa?

3. Kuka on Maisa?

4. Mitä Terhi syö lounaalla?

5. Miksi Terhi pitää sihteerin työstä?

Ammatit

 1 lääkäri

 2 sairaan-hoitaja

 3 hammas-lääkäri

 **4** kokki

 5 tarjoilija

 **6** myyjä

 7 sihteeri/assistentti

 8 pankki-virkailija

 9 toimittaja

 10 valokuvaaja

 11 opettaja

 12 poliisi

 **13** palomies

 **14** rakennus-mies

 **15** siivooja

 **16** varastomies

 **17** maanviljelijä

 18 urheilija

 19 lentäjä

 20 bussinkuljettaja

 **21** autonasentaja

 **22** hitsaaja

Mikä sinun ammattisi on?   – Minun ammattini on opettaja. / Olen opettaja.
Missä sinä olet työssä?   – Minä olen työssä koulussa.

Yhdistä ammatti ja työpaikka.

1. lääkäri	a. tehdas
2. opettaja	b. valokuvaamo
3. maanviljelijä	c. sairaala
4. palomies	d. koulu
5. poliisi	e. toimisto
6. myyjä	f. paloasema
7. sairaanhoitaja	g. poliisiasema
8. kokki	h. maatila
9. autonasentaja	i. kauppa
10. lentäjä	j. terveysasema
11. hitsaaja	k. ravintola
12. sihteeri	l. lentoyhtiö
13. valokuvaaja	m. autokorjaamo

PITÄÄ = TYKÄTÄ

Pitää- ja **tykätä**-verbien kanssa sanan loppuun tulee **-sta/-stä**.

Mistä sinä pidät? / **Mistä** sinä tykkäät? — Minä pidän kahvi**sta**.
Kalle tykkää tee**stä**.

Mistä televisio-ohjelma**sta** sinä tykkäät? — Minä tykkään aamutelevisio**sta**.
Kenestä sinä pidät? / **Kenestä** sinä tykkäät? — Raija pitää Jussi**sta**.
Pekka tykkää Raija**sta**.

3 **Kysy parilta,**

- mistä väristä hän pitää.
- mistä televisio–ohjelmasta hän pitää.
- mistä vuodenajasta hän pitää.
- mistä viikonpäivästä hän pitää.

- mistä ruoasta hän tykkää.
- mistä juomasta hän tykkää.
- mistä eläimestä hän tykkää.
- mistä hän ei tykkää.

Verbejä

1 lentää **2** kävellä, kulkea **3** pukea

4 kammata **5** nukkua **6** maata **7** ottaa **8** antaa

9 hakea **10** kantaa **11** sulkea **12** ajatella **13** lukea

14 kirjoittaa **15** piirtää **16** leikkiä **17** soittaa **18** puhaltaa

19 leipoa **20** laittaa ruokaa **21** leikata **22** ommella **23** hakata

24 lähteä **25** hyppiä, hypätä **26** tinkiä **27** ampua **28** tavata

29 kätellä **30** suudella **31** kuunnella **32** hoitaa **33** pudota

VERBIEN ASTEVAIHTELU

Suomen kielessä **k**, **p** ja **t** esiintyvät yksin, kaksoiskonsonanttina tai joissakin konsonantti-yhdistelmissä. **K**:n, **p**:n ja **t**:n astevaihtelu näkyy sekä verbeissä että nomineissa. Muissa konsonanteissa ei ole astevaihtelua. Kaikki uudet sanat tai nimet eivät kuulu astevaihtelun piiriin. Tarve astevaihtelulle syntyy usein silloin, kun sanan loppuun lisätään verbin persoonapääte tai sijapääte ja sanan tavurakenne muuttuu.

A Verbien astevaihtelu 1. tyypissä: -a/-ä-verbeissä

VAHVA ASTE	HEIKKO ASTE	VAHVA ASTE	HEIKKO ASTE
Infinitiivi			
hän-/he-persoona	**minä-/sinä-/me-/te**-persoona		
-kk- →	-k-	lei**kk**iä:	lei**k**in
-pp- →	-p-	hy**pp**iä:	hy**p**in
-tt- →	-t-	soi**tt**aa:	soi**t**an
-k- →	–	lu**k**ea:	lu**e**n
-p- →	-v-	lei**p**oa:	lei**v**on
-t- →	-d-	läh**t**eä:	läh**d**en
-nt- →	-nn-	a**nt**aa:	a**nn**an
-rt- →	-rr-	piir**t**ää:	piir**r**än
-lt- →	-ll-	puha**lt**aa:	puha**ll**an
-nk- →	-ng-	ti**nk**iä:	ti**ng**in
-mp- →	-mm-	a**mp**ua:	a**mm**un

Esimerkkejä

	nu**kk**ua		le**nt**ää		pu**k**ea
minä	nu**k**un	minä	le**nn**än	minä	pu**e**n
sinä	nu**k**ut	sinä	le**nn**ät	sinä	pu**e**t
hän	nu**kk**uu	hän	le**nt**ää	hän	pu**k**ee
me	nu**k**umme	me	le**nn**ämme	me	pu**e**mme
te	nu**k**utte	te	le**nn**ätte	te	pu**e**tte
he	nu**kk**uvat	he	le**nt**ävät	he	pu**k**evat

HUOMAA!

Verbit **sulkea** ja **kulkea**:

	sulkea		kulkea
minä	sul**j**en	minä	kul**j**en
sinä	sul**j**et	sinä	kul**j**et
hän	sul**k**ee	hän	kul**k**ee
me	sul**j**emme	me	kul**j**emme
te	sul**j**ette	te	kul**j**ette
he	sul**k**evat	he	kul**k**evat

K, **p** ja **t** eivät ole astevaihtelussa seuraavissa yhdistelmissä: **sk**, **st**, **tk**, **ps**.

laskea	→	lasken
muistaa	→	muistan
hotkia	→	hotkin
napsia	→	napsin

 3 Tee kappaleen uusista verbeistä esimerkkilauseita parin kanssa.
Käyttäkää vuorotellen eri persoonia.

4 Jatka lausetta ja käytä minä-persoonaa.

1. Kello 22.00 Tiina nukkuu ja minä nukun myös.

2. Kaisa pukee tänään hameen, mutta _____ housut.

3. Kalle antaa minulle kukkia ja _____ hänelle suukon.

4. Mikko ottaa kahvia, mutta _____ teetä.

5. Heikki lähtee työhön seitsemältä, mutta _____ vasta

   yhdeksältä.

6 Jussi lukee lehteä ja _____ kirjaa.

7. Risto leipoo pullaa ja _____ ison kakun.

8. Maija kulkee aina bussilla, mutta _____ junalla.

9. Kirsi hoitaa lapsia kotona, mutta _____ lapsia päiväkodissa.

VERBIEN ASTEVAIHTELU

B Verbien astevaihtelu 3. ja 4. tyypissä: -la/-lä-verbit ja -ta/-tä-verbit

HEIKKO ASTE	VAHVA ASTE		HEIKKO ASTE	VAHVA ASTE
Infinitiivi				
minä/sinä/hän/me/te/he-persoona				
-k-	➡	-kk-	ha**k**ata:	ha**kk**aan
-p-	➡	-pp-	hy**p**ätä:	hy**pp**ään
-t-	➡	-tt-	aja**t**ella:	aja**tt**elen
–	➡	-k-	maata:	ma**k**aan
-v-	➡	-p-	ta**v**ata:	ta**p**aan
-d-	➡	-t-	suu**d**ella:	suu**t**elen
-nn-	➡	-nt-	kuu**nn**ella:	kuu**nt**elen
-rr-	➡	-rt-	pii**rr**ellä:	pii**rt**elen
-ll-	➡	-lt-	vihe**ll**ellä:	vihe**lt**elen
-ng-	➡	-nk-	ha**ng**ata:	ha**nk**aan
-mm-	➡	-mp-	o**mm**ella:	o**mp**elen

Esimerkkejä

	kätellä		tykätä		pudota
minä	kä**tt**elen	minä	ty**kk**ään	minä	pu**t**oan
sinä	kä**tt**elet	sinä	ty**kk**äät	sinä	pu**t**oat
hän	kä**tt**elee	hän	ty**kk**ää	hän	pu**t**oaa
me	kä**tt**elemme	me	ty**kk**äämme	me	pu**t**oamme
te	kä**tt**elette	te	ty**kk**äätte	te	pu**t**oatte
he	kä**tt**elevät	he	ty**kk**äävät	he	pu**t**oavat

HUOMAA!

Esimerkiksi verbit **avata**, **kävellä** ja **kuvata** eivät ole astevaihtelussa.

 Vastaa kysymyksiin. Käytä suluissa olevaa verbiä.

1. Mitä Olli tekee sohvalla? (maata)

2. Mitä Eila tekee kylpyhuoneessa? (kammata tukkaa)

3. Mitä Isto tekee kahvila Puustissa? (tavata ystäviä)

4. Mitä Matti tekee, kun hän menee kotiin? (suudella vaimoa)

5. Mitä naapuri tekee, kun minulla soi musiikki kovaa? (hakata seinään)

6. Mitä sinä teet musiikkikaupassa? (kuunnella uusia levyjä)

7. Mitä sinä teet, kun tutustut uusiin ihmisiin? (kätellä)

8. Mitä sinä teet, jos puserossa ei ole nappia? (ommella)

VERBIEN NEGATIIVINEN PREESENSTAIVUTUS

kieltoverbi + verbivartalo

puhu/a

| minä puhun → | minä | **en** | **puhu** |

minä	**en**	**puhu**
sinä	**et**	**puhu**
hän	**ei**	**puhu**
me	**emme**	**puhu**
te	**ette**	**puhu**
he	**eivät**	**puhu**

A Negatiivisessa preesensissä on 1. tyypin verbeissä (-a/-ä-verbeissä) kaikissa persoo-nissa heikko aste:

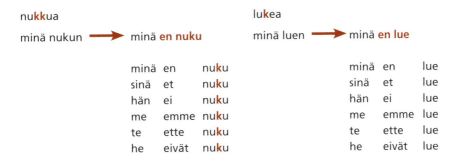

nukkua

minä nukun → minä **en nuku**

lukea

minä luen → minä **en lue**

minä	en	nuku
sinä	et	nuku
hän	ei	nuku
me	emme	nuku
te	ette	nuku
he	eivät	nuku

minä	en	lue
sinä	et	lue
hän	ei	lue
me	emme	lue
te	ette	lue
he	eivät	lue

B Negatiivisessa preesensissä on 3., 4. ja 6. tyypin verbeissä (-la/-lä, -ta/-tä ja -eta/-etä -verbeissä) kaikissa persoonissa vahva aste:

ajatella

minä ajattelen ➡ minä **en ajattele**

minä	en	ajattele
sinä	et	ajattele
hän	ei	ajattele
me	emme	ajattele
te	ette	ajattele
he	eivät	ajattele

tavata

minä tapaan ➡ minä **en tapaa**

minä	en	tapaa
sinä	et	tapaa
hän	ei	tapaa
me	emme	tapaa
te	ette	tapaa
he	eivät	tapaa

6 Katso kuvia ja kirjoita, mitä Kalle tekee tänään ja mitä Kalle ei tee tänään.

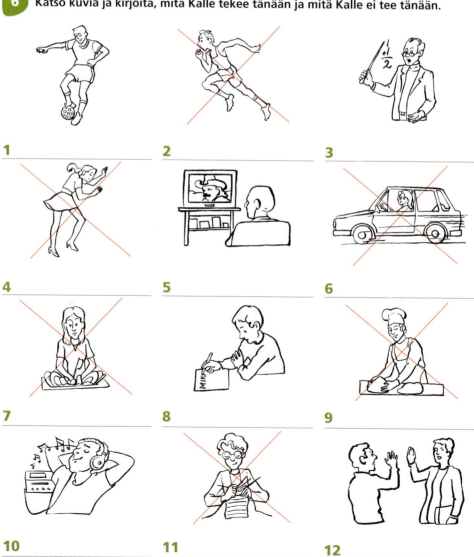

1

2

3

4

5

6

7

8

9

10

11

12

7 Kuuntele, mitä eri ihmiset kertovat työstään, ja kirjoita nimen kohdalle ammatti.

1. Keijo 2. Tuija 3. Pertti 4. Jaana

_____ _____ _____ _____

8 Kirjoita verbit oikean otsikon alle.

oppia	pestä	maksaa	vastata
lentää	ostaa	hypätä	heittää
imuroida	juosta	punnita	pyyhkiä
ajaa	kirjoittaa	leimata lippu	

1 siivous	2 urheilu	3 opiskelu	4 matkustami-nen	5 kaupassa käynti

9 Katso Kallen kalenteria ja kirjoita vihkoon siitä, mitä hän tekee. Keksi itse tyhjiin paikkoihin, mitä hän tekee.

Maanantai	Tiistai	Keskiviikko	Torstai	Perjantai	Lauantai	Sunnuntai
Klo 9.00 hammas-lääkäri	Klo 11.00 parturi	kirjat takaisin kirjastoon	Klo 11.00 pyykkivuo-ro	Klo 10.00 autokoulu		Annen kanssa uimahal-liin
Klo 14.00 Anne / Kahvila Pitko	Klo 16.30 valo-kuvaus-kerho	kuntosali	vaate-ostoksille			lounas isoäodillä
Klo 19.00 teatteri	Klo 19.00 Jarin syntymä-päivät	Klo 20.00 äiti soittaa				

Kappaleessa opitaan

- asiointia lääkärissä
- sairauksien nimiä
- varaamaan aika
- kehon osat
- pääverbi + toinen verbi

Riinalla on korva kipeä

– Äiti! ... Äitiiii! ... Äiti!

– No mikäs sinulla nyt on, Riina, isä kysyy ja haukottelee.

– Äiti on jo työssä. Hänellä on tänään aamuvuoro. Miksi sinä et nuku? Kello on vasta kuusi, isä sanoo.

5 – Ääh, sattuu, sanoo Riina ja hieroo vasenta korvaansa.

– Mitä, ei kai sinulla taas ole korva kipeä? Annapa, kun katson, isä sanoo ja yrittää katsoa korvaan. – Voi voi, kyllä tämä on ihan punainen. Onkos sinulla kuumetta? Otsa on ainakin kuuma. Minä haen kuume-mittarin. Odota vähän.

10   Isä tuo kuumemittarin. Riinalla on kuumetta 38,4 astetta.

– Jaa-a, me voimmekin nyt sitten jäädä kotiin, isä sanoo. Tämä on jo kol-mas korvatulehdus tänä talvena. Mennään tänään lääkäriin. Minä laitan sinulle ensin lämmintä mehua, isä sanoo ja pörröttää Riinan tukkaa.

1 Lue teksti ja vastaa kysymyksiin.

1. Miksi isä herää kello kuusi?

2. Mikä ongelma Riinalla on?

3. Mitä isä tekee?

Kehon osat

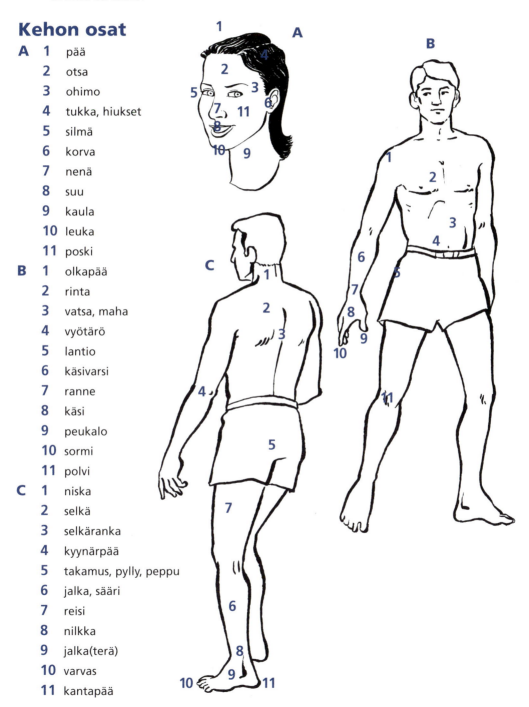

A
1 pää
2 otsa
3 ohimo
4 tukka, hiukset
5 silmä
6 korva
7 nenä
8 suu
9 kaula
10 leuka
11 poski

B
1 olkapää
2 rinta
3 vatsa, maha
4 vyötärö
5 lantio
6 käsivarsi
7 ranne
8 käsi
9 peukalo
10 sormi
11 polvi

C
1 niska
2 selkä
3 selkäranka
4 kyynärpää
5 takamus, pylly, peppu
6 jalka, sääri
7 reisi
8 nilkka
9 jalka(terä)
10 varvas
11 kantapää

Isä varaa ajan lääkärille

Vähän myöhemmin isä soittaa terveyskeskukseen. Isä yrittää monta kertaa, koska puhelinnumero on aina varattu. Lopulta joku vastaa puhelimeen.

Hoitaja:	Koivulahden terveysasema, hyvää huomenta!
5 Isä:	Huomenta. Täällä on Sami Lahtela. Minun tytöllä on korva kipeä ja se on punainen. Haluaisin varata ajan lääkärille. Onko teillä vielä tänään vapaata aikaa?
Hoitaja:	Onko tytöllä myös kuumetta?
Isä:	On, nyt aamulla oli 38,4 astetta.
10 Hoitaja:	Mikä on tytön henkilötunnus?
Isä:	Se on 250705-258P .
Hoitaja:	Siis Lahtela Riina. Onko osoitteenne Mäkikuja 5?
Isä:	Kyllä on.
Hoitaja:	Valitettavasti teidän omalääkäri Paula Vilén on lomalla, mutta lääkäri Laura Sepponen voi ottaa teidät vastaan klo 12.15. Käykö se?
15 Isä:	Juu, se käy hyvin. Tulemme siis klo 12.15.
Hoitaja:	Joo. Muistakaa ottaa Kela-kortti mukaan.
Isä:	Kyllä. Kiitos. Hei hei!
Hoitaja:	Hei!

Tavallisimpia sairauksia Mikä sinulla on? Mikä sinua vaivaa?

- Minulla on pää/korva/selkä/hammas/vatsa/jalka kipeä.
- Minun päätä/korvaa/hammasta/jalkaa/niskaa särkee.
- Minulla on flunssa.
- Minulla on ihottuma käsissä. Minulla on pesuaineallergia.
- Minua oksettaa.
- Minulla on vesirokko.
- Minulla on ripuli.
- Minä luulen, että nilkka on nyrjähtänyt.
- Luulen, että minulla on keuhkoputkentulehdus.

2 Kuuntele ja kirjoita, mitä terveysongelmia kullakin henkilöllä on ja miksi heillä on niitä.

Nimi	Sairaus	Miksi?
1 Joonas Salo		
2 Terttu Mäki		
3 Joni Takala		
4 Martti Virta		
5 Kaisa Lempinen		

3 Sinä olet sairas. Soitat terveysasemalle ja varaat ajan.
Kirjoittakaa parin kanssa dialogi.

Lääkärillä

Sami Lahtela ja Riina ovat terveyskeskuksessa. Nyt he odottavat noin 10 minuuttia,
ennen kuin he pääsevät lääkärin vastaanotolle. Lääkäri avaa oven ja kutsuu Riinan ja
isän sisään.

Lääkäri:	Jaha, mikäs tätä pikkuneitiä vaivaa?
5 Riina:	Korvaan sattuu.
Sami:	Riinalla särkee vasenta korvaa.
	Hänellä on myös kuumetta 38,4 astetta.
Lääkäri:	Katsotaanpas. Kyllä täällä taitaa olla tulehdus. Onneksi se ei vielä ole paha,
	mutta Riina tarvitsee kyllä antibioottikuurin. Onko tytöllä myös muita oi-
	reita, kuten yskää?
10 Sami:	Ei nyt, mutta pari viikkoa sitten kyllä. Mutta yskää ja nuhaa on lapsilla niin
	usein. Tosin Riinalla on melko usein myös korvatulehdus.
Lääkäri:	Tässä on tämä resepti. Riina voi mennä päiväkotiin, kun kuume on poissa.
	Voitte antaa Riinalle myös lasten särkylääkettä. Lisäksi on tärkeää, että tyt-
	tö juo tarpeeksi jotakin lämmintä. Tarvitsetteko sairaslomatodistuksen?
15 Sami:	En, sillä onneksi on viikonloppu tulossa.
Lääkäri:	Jos Riinalla on kuumetta vielä maanantaina, niin voitte soittaa heti aamulla.
	Katsotaan sitten, mitä tehdään.
Sami:	Joo. Me lähdetään nyt Riinan kanssa kotiin lukemaan kirjoja. Kiitos ja hei hei.
Lääkäri:	Pikaista paranemista, Riina. Hei hei.
20 Riina:	Kiitos. Heippa.

4 a) Olet lääkärissä. Kirjoita dialogi parin kanssa.

b) Täydennä lauseet oikeilla sanoilla.

1. Sinulla on kuumetta ja paha yskä. Sinä _____ lääkärille.

2. Paikka, jossa lääkäri on työssä, on _____.

3. Lääkäri kysyy sinulta: " _____?"

4. Lääkäri kuuntelee keuhkosi ja kertoo, että sinulla on_____.

5. Sinä tarvitset antibioottia. Kun menet apteekkiin ja ostat lääkkeen,

   sinulla on _____

Sairaalassa

Tero menee sairaalaan. Hänen ystävällään Pasilla oli umpisuolentulehdus ja siksi hän oli leikkauksessa. Pasi on sairaalassa pari päivää.

Tero: Hei Pasi! Miten menee?

Pasi: Mitäs tässä. Kaikki on nyt ihan hyvin ja olen tyytyväinen, kun minua ei okse- 5
ta enää, eikä vatsa ole kipeä.

Tero: Tässä sinulle uusi Tekniikan Maailma -lehti. Haluat varmaan lukea, koska ei
täällä voi paljon muuta tehdä.

Pasi: Kiitti. Täällä voi kyllä katsoa telkkaria, mutta ei
sitä jaksa tehdä kovin kauaa. 10

Tero ja Pasi juttelevat vielä vähän aikaa. Tero aikoo
lähteä kotiin.

Tero: No, yritä jaksaa. Taidat olla jo ylihuomenna
kunnossa. Nähdään sitten ensi viikolla yli- 15
opistolla. Parane pian!

Pasi: Kiitti. Joo nähdään. Hei hei!

Tero: Heippa!

🎧 **5** Kuuntele ja kirjoita puuttuvat sanat.

Terveyskeskuksessa

A: Hyvää päivää. _____ varata ajan terveyden-

hoitajalle ensi torstaiksi.

B: Päivää. Sopiiko teille torstaina

_____?

A: _____

Neuvolassa

A: Huomenta. Täällä Päivi Pääkkönen. _____ varata ajan

terveydenhoitajalle. Vauvani Joonas on _____ ja

hänellä on neuvolassa_____.

B: Huomenta. _____ teille ensi viikon maanantaina

_____?

A: Voi ei. Se ei valitettavasti käy. Olemme silloin mummolassa.

Voinko saada _____ keskiviikoksi?

B: Kyllä. _____ silloin kello 10?

A: Joo, käy. Tulemme silloin.

B: Hyvä. Ja nimi oli Pääkkönen?

A: Kyllä. Joonas Pääkkönen.

B: _____ ja hei hei!

A: Kiitos ja hei!

PÄÄVERBI + VERBIN PERUSMUOTO ELI INFINITIIVI

Pääverbi taipuu persoonan mukaan, mutta toinen verbi on perusmuodossa eli infinitiivissä.

haluta
Haluta-verbi ilmaisee tahtoa.

Me **haluamme syödä** tänään pitsaa.
Ettekö te **halua juoda** jotakin?

osata
Osata-verbi ilmaisee taitoa.

Osaatko sinä **soittaa** huilua?

HUOMAA!

Verbit **haluta** ja **osata** voivat
olla myös yksin.

Haluatko teetä? – En, **haluan** kahvia.
Matti **osaa** hyvin ruotsia.

voida
Voida-verbi ilmaisee usein
mahdollisuutta.

Minä **voin tulla** huomenna kello 8.
Voinko varata ajan lääkärille tiistaiaamuksi?
Voitko avata ikkunan?

HUOMAA!

Kuinka **voit**? – **Voin** hyvin.

saada

Saada-verbi ilmaisee lupaa.

Saanko häiritä sinua hetken?
Sisällä **ei saa polttaa**.

aikoa

Aikoa-verbi ilmaisee
suunnitelmaa.

Ensi kesänä **aion matkustaa** Kiinaan.
He **aikovat ostaa** omakotitalon.

yrittää

Minä **yritän opiskella** ahkerasti.
Hän **yrittää käydä** lenkillä joka ilta.

taitaa

Ulkona **taitaa sataa** vettä. = Ulkona **sataa ehkä** vettä.
Kyllä, asia **taitaa olla** niin. = Asia **on ehkä** niin.

---

6   Kirjoita oikeat sanat oikeassa muodossa.

1. Olin autokoulussa.

   Nyt minä _____ autoa.

2. Tero matkustaa kesällä Ranskaan.

   Hän _____ ranskaa.

3. Meillä on sauna.

   Me _____ perjantaina saunaan.

4. Riina oli eilen sairas. Nyt hän on terve.

   Riina _____ ulos.

5. Ajattelen, että pesen ikkunat viikonloppuna.

   Minä _____ ikkunat viikonloppuna.

7 Täydennä lauseet oikeilla sanoilla oikeassa muodossa.

haluta uida   yrittää opiskella   saada ottaa   haluta leikkiä   taitaa mennä
aikoa matkustaa   voida ottaa   osata uida   haluta purjehtia

1. Ensi kesänä meidän perhe _____ Kreikkaan.

2. Me _____ joka päivä meressä.

3. Ville, 3 vuotta, ei _____ vielä, mutta hän

   _____ rannalla.

4. Toivon, että aurinko paistaa. Silloin me _____

   aurinkoa joka päivä, mutta emme _____ sitä liikaa.

5. Mieheni _____ lomallamme.

6. Nyt talvella _____ kreikkaa työväenopistossa.

7. Mutta olen vähän laiska enkä _____

   tänään tunnille.

 Kirjoita äidillesi tai ystävällesi, mitä sinä teet, kun olet sairas! Voit käyttää oheista kaaviota apuna.

Mikä sairaus?
- kuumetta
- pää/vatsa/selkä/hammas kipeä
- paha allergia

Mitä oireita?
- väsyttää
- nenä vuotaa
- yskittää
- oksettaa
- on kuuma ja kylmä

OLEN SAIRAS.

Mitä teen?
- otan lääkettä
- en ota lääkettä
- juon mehua
- katson telkkaria
- hengitän höyryä

Missä olen?
- olen kotona
- makaan sängyssä
- olen työssä/kurssilla
- olen sairaalassa

Kuinka kauan?
- pari päivää
- viikon
- viikonlopun
- kuukauden
- koko kesän/syksyn

9

Mitä saa olla?

Kaksi mansikkaleivosta, kiitos.

Leipätiskillä

Kappaleessa opitaan

- asioimaan kaupassa
- tilaamaan itsepalvelu-ravintolassa
- ruokasanastoa
- partitiivi

Myyjä:	Numero 67! Päivää! Mitäs teille saisi olla?
Asiakas:	Päivää. Saanko 2 patonkia ja 5 vaaleaa sämpylää.
Myyjä:	Kiitos. Entä muuta?
Asiakas:	Onko pulla tuoretta?
5 Myyjä:	Kyllä on, suoraan uunista. Millaista pullaa laitetaan?
Asiakas:	Otan 3 korvapuustia. En voi juoda kahvia ilman tuoretta pullaa.
Myyjä:	Tässä olkaa hyvä.
Asiakas:	Kiitos, hei hei!
10 Myyjä:	Kiitti, hei hei!

Vihannekset

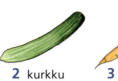 

1 tomaatti **2** kurkku **3** porkkana **4** kaali **5** kukkakaali

6 salaatti **7** lanttu **8** punajuuri **9** kesä-kurpitsa **10** muna-koiso **11** peruna

Hedelmät

12 sipuli **13** valko-sipuli **14** purjo **15** herne **16** omena **17** appelsiini

18 banaani **19** persikka **20** viinirypäle **21** päärynä **22** meloni **23** kirsikka

Marjat

24 mansikka **25** mustikka **26** vadelma **27** puolukka **28** lakka

Lihat

29 naudanliha **30** porsaanliha **31** lampaanliha **32** broileri

33 jauheliha **34** kyljys **35** kalkkuna

Kalat

1 lohi   **2** kirjolohi   **3** siika   **4** silakka   **5** katkarapu

Viljatuotteet

6 leipä   **7** sämpylä   **8** pulla   **9** kakku   **10** leivos

Maito-tuotteet

11 jogurtti   **12** maito   **13** kerma   **14** juusto   **15** jäätelö

Juomat

16 kahvi   **17** tee   **18** mehu   **19** limsa   **20** olut   **21** vesi   **22** viini

Muut ruoka-aineet

23 kanan-muna   **24** öljy   **25** margariini   **26** voi   **27** riisi   **28** spagetti (makaroni)

29 hillo   **30** hunaja   **31** karkki   **32** suklaa

Kauppahallissa

Myyjä:	Jaaha, kenen vuoro?
Asiakas:	Taitaa olla minun. Saanko puoli kiloa naudan paistijauhelihaa?
Myyjä:	Kiitos. Tässä on 540 grammaa. Käykö tämä?
Asiakas:	Joo, kyllä.
5 Myyjä:	Saako olla muuta? Meillä on tarjouksessa oikein herkullista naudan fileetä.
Asiakas:	Ei muuta, kiitos. Paljonko tämä tekee?
Myyjä:	4 euroa 50 senttiä.
Asiakas:	Tässä, olkaa hyvä. Hyvää viikonloppua!
Myyjä:	Kiitos samoin!

Kioskilla

10 Asiakas:	Hei! 1 rasvaton maito ja 2 purkkia mansikkajogurttia.
Myyjä:	Tässä. Ja mitä muuta?
Asiakas:	Ei muuta, kiitos.
Myyjä:	2,60 euroa.
Asiakas:	Tässä.
15 Myyjä:	Ja tässä 40 senttiä takaisin.
Asiakas:	Anteeksi, mutta tämä maito on vanhaa.
	Tässä lukee: 'parasta ennen ensimmäinen huhtikuuta'.
Myyjä:	Ai. Olen pahoillani. Tässä uusi purkki tilalle.
Asiakas:	Kiitti, moi!
20 Myyjä:	Moi moi!

 1

a) Olet kaupassa. Sinä ostat leipätiskiltä 8 sämpylää ja 5 munkkia. Tee parisi kanssa siitä dialogi.

b) Ostat kioskilta 2 pulloa limsaa ja 3 suklaapatukkaa. Tee dialogi parisi kanssa.

c) Ostat lihatiskiltä puoli kiloa naudan paistia. Tee dialogi parisi kanssa.

PARTITIIVI

Partitiivi tehdään niin, että sanan loppuun lisätään

1 **-a/-ä**, jos sanan lopussa on yksi vokaali:
3 talo**a**
8 auto**a**
2 kynä**ä**

HUOMAA! ovi ➡ 2 ove**a**

---

2 **-ta/-tä**,

a) jos sanan lopussa on kaksi vokaalia:
5 maa**ta**
ilman vyö**tä**
keskellä tie**tä**
2 radio**ta**

HUOMAA! vihreä ➡ 3 vihreä**ä** omena**a**

b) jos sanan lopussa on konsonantti **-l, -n, -r, -s** tai **-t**:
10 aske**lta**
ilman avai**nta**
2 tytä**rtä**
5 kauni**sta** puseroa
ennen lyhy**ttä** taukoa

c) jos sana on **-nen**-loppuinen, tällöin käytetään **-s**-loppuista vartaloa:
4 nai**sta**
monta ihmi**stä**
ilman sini**stä** laukkua

HUOMAA! Vanhat **-i**-loppuiset sanat, kuten **pieni, suuri, saari, hiiri**:
pieni ➡ pien**tä** kissaa
suuri ➡ 3 suur**ta** tomaattia
saari ➡ monta saar**ta**
hiiri ➡ 4 hiir**tä**

---

3 **-tta/-ttä**, jos sanan lopussa on **-e**-kirjain:
ilman vene**ttä**
2 hame**tta**
monta perhe**ttä**

HUOMAA! Vanhat **-si**-loppuiset sanat:
uusi ➡ 2 uu**tta** autoa
vesi ➡ ilman ve**ttä**
käsi ➡ 2 kä**ttä**

HUOMAA! **-aus/-äys, -uus/-yys, -eus/-eys** -loppuiset sanat:

vapaus ➡ vapau**tta**
rakkaus ➡ rakkau**tta**
lupaus ➡ lupaus**ta**
kaipaus ➡ kaipaus**ta**
lisäys ➡ lisäys**tä**
lykkäys ➡ lykkäys**tä**

onnettomuus ➡ onnettomuu**tta**
ystävyys ➡ ystävyy**ttä**

kateus ➡ kateu**tta**
pimeys ➡ pimey**ttä**

PARTITIIVIN KÄYTTÖ

1 Numeroiden 2, 3, 4,... kanssa käytetään yksikön partitiivia.

Minulla on **kaksi** auto**a**.
Pusero maksaa **20** euro**a**.

HUOMAA!

Jos numero on yksi (1), partitiivia ei tule.

Lähellä on vain **yksi kauppa**.

2 Partitiivi on myös kielteisissä omistuslauseissa.

Mäkisillä **ei ole** omakotitalo**a**.
Minä **en osta** auto**a**.

HUOMAA!

Partitiivia ei tule kielteisissä lauseissa, joissa on **olla**-verbi, kun kyse ei ole omistamisesta.

Minä en ole opiskelija.

3 Sanojen **monta**, **puoli** ja **pari** jälkeen tulee partitiivi.

Opiskelijalla on **monta** kyn**ää**.
Ostan **puoli** litr**aa** maito**a**.
Odotan juna**a** **pari** tunt**ia**.

4 Jos numeron jälkeen tulee adjektiivi, niin se ja sitä seuraava sana ovat partitiivissa.

Minulla on **kaksi** punais**ta** omen**aa**.

5 Jos sanan edellä on määrää ilmaiseva sana, kuten esim. **pullo**, **purkki**, **lasi**, **tölkki**, sitä seuraava sana on myös partitiivissa.

Pullo limsa**a**, olu**tta**, vissy**ä**, siideri**ä**.
Tölkki tonnikala**a**, ananas**ta**, appelsiinimehu**a**.
Purkki jogurtti**a**, hillo**a**, kerma**a**.

---

2 **Täydennä lauseet.**

1. Viikonloppuna meille tulee monta_____ (vieras).

2. Minä tarvitsen kaupasta 2 _____ (litra, maito),

   2 _____ (purkki, kerma) ja 2 _____

   (paketti, jäätelö).

3. Minä ostan myös 3 _____ (leipä), ja

   10 _____ (leivos).

4. Kalaosastolta ostan 2 _____ (iso kala).

5. Kun tulen kotiin kaupasta, huomaan, että minulla ei ole _____

   _____ (salaatinkastike) jääkaapissa.

Partitiivi tulee myös seuraavissa tapauksissa:

6 **syödä** + ruokasana
juoda + juoma
Partitiivia käytetään, jos kyseessä ei ole
yksi kappale jotakin ruokaa tai juomaa.

Syötkö leipää ja jogurttia?
Lapset **juovat** mehua.

7 Ennen verbiä ruokasana on
nominatiivissa ja **olla**-verbin jälkeen
se on partitiivissa, kuten adjektiivikin.

Salami on makkaraa.
Liha on kallista.

8 Sanojen **ennen**, **ilman**, **keskellä** ja
vastapäätä kanssa käytetään yleensä
partitiivia.

Jenni tulee koulusta kotiin **ennen** kolmea.
En voi elää **ilman** sinua.
Auto seisoo **keskellä** katua.
Terveyskeskusta **vastapäätä** on päiväkoti.

Pronominien partitiivimuotoja

minä	➔	minua	Lähdetkö ennen **minua**?
sinä	➔	sinua	Haluan mennä ulos ilman **sinua**!
hän	➔	häntä	**Häntä** vastapäätä asuu vanha rouva.
se	➔	sitä	Onko avain sinulla? – Ei, minulla ei ole **sitä**.
me	➔	meitä	Aiotteko juhlia ilman **meitä**?
te	➔	teitä	Anteeksi, mutta olin jonossa ennen **teitä**.
he	➔	heitä	Ilman **heitä** täällä on niin hiljaista.
ne	➔	niitä	Koirat ovat viikonloppuna isovanhemmilla.
			Täällä on yksinäistä ilman **niitä**.

③ **Katso kuvaa ja kerro, mitä ostoskorissa on.**

Valitse oikea sana.

| ennen | ilman | keskellä | vastapäätä |

1. Talvella ei voi mennä ulos _____ paksua takkia.

2. Koira haukkuu _____ pihaa.

3. _____ bussimatkaa minä ostan kaksi palloa jäätelöä.

4. Postia _____ on uimahalli.

5. Tuletko kotiin _____ kymmentä?

6. _____ tietokonetta on nykyään vaikea elää.

7. _____ huonetta on iso pöytä ja 8 tuolia.

8. Ikkunaa _____ on ovi.

9. Juon kahvia _____ elokuvaa.

10. Lapset eivät voi ostaa karkkia _____ meitä, koska heillä

    ei ole rahaa mukana.

Itsepalveluravintolassa

Myyjä: Hei!
Asiakas: Hei! Yksi tavallinen hampurilainen ja 2 kanahampurilaista.
Myyjä: Ja mikä juoma?
Asiakas: Yksi tuoremehu ja 2 kokista.
5 Myyjä: Ja tuleeko vielä muuta?
Asiakas: Siinä kaikki.
Myyjä: 16 euroa.
Asiakas: Näin.
Myyjä: Kiitos.

Kuuntele radiohaastattelu ja kirjoita, mitä nämä henkilöt ostavat:

1. Virpi Saarela _____

2. Lasse Nyman _____

3. Jaana Mattila _____

4. Jaakko ja Mikaela _____

 Olet kahvilassa.

Katso oheista listaa. Tee parisi kanssa keskustelu siitä, mitä haluat syödä (tilata).

 Ruokalista

Kahvi	1,70 €	Pulla	2,30 €
Espresso	2,30 €	Marjapiirakka	3,00 €
Latte	2,70 €	Muffini	2,70 €
Capuccino	2,70 €	Porkkanakakku	2,70 €
Tee	1,50 €		
Haudutettu tee	2,50 €	**Sämpylät**	
Kaakao	3,00 €	Juustosämpylä	3,00 €
Limsa	2.80 €	Kinkkusämpylä	3,00 €
Appelsiinimehu	2,50 €	Karjalanpiirakka	2,50 €
		Ciabatta	3,50 €

 Kirjoita, mitä sinulla on keittiössä. Kirjoita myös, mitä sinulla ei ole keittiössä.

Malli:

Minun keittiöni
Minulla on vedenkeitin, mutta minulla ei ole leivänpaahdinta. Minulla on …

Mattia ja Jannea jännittää

Kappaleessa opitaan

● kertomaan, miltä
sinusta tuntuu

Matti Kukkola ja Janne Lahtela ovat jääkiekkokatsomossa. He katsovat jääkiekko-ottelua. Peli on jännittävä, koska sen voittaja on uusi Suomen mestari. Katsomossa on kylmä. Mattia ja Jannea paleltaa, vaikka heillä on paljon vaatteita päällä. On toinen erä, ja numerot
5 ovat 2–1 kotijoukkueen hyväksi.

– Katso, miten Miettinen taklaa koko ajan meidän Peltolaa! Eikä tuomari tee mitään! Minua sitten raivostuttaa tuollainen tuomari, Matti sanoo.

– Niin, tuomari ei huomaa tässä pelissä juuri mitään. Ihme, että
10 kotijoukkue on vielä johdossa. Mutta kyllä meidänkin pelaajat osaavat pelata rumasti. Minua suututtaa se, että urheilu ei nykyisin enää ole reilua. Joskus tuntuu siltä, että mitä enemmän väkivaltaa, sen parempi. Minä inhoan väkivaltaa. Oijoi, nyt oli maali lähellä, Janne huutaa.

– No niin oli. Minua huolestuttaa se, että meidän joukkue häviää
15 tämän matsin, Matti sanoo.

– Niin. Nyt on sitten erätauko. Haetaanko kaakaota? Se lämmittää meitä ainakin vähän, Janne ehdottaa.

– Joo, haetaan vaan, Matti sanoo.

1 Lue teksti (s. 83) ja vastaa kysymyksiin.

1. Mitä Matti ja Janne harrastavat?

2. Mitä Matti ajattelee tuomarista?

3. Mikä Jannea suututtaa urheilussa?

Katria ja Helenaa paleltaa

Katri ja Helena ovat uimahallissa. He käyvät siellä joka keskiviikko. Nyt he istuvat saunassa, koska heitä alkoi paleltaa viileässä vedessä.

– Minua kyllä ilahduttaa tämä uusi uimahalli. Minä rakastan saunaa. Täällä se on niin tilava, ja on niin hyvät löylyt, Katri sanoo.

5 – Sanos muuta. Tämä on hieno halli, vaikka minua joskus ärsyttää se, että täällä on niin paljon tungosta. Minä vihaan ruuhkaa ja tungosta, Helena kertoo.

– Koko kaupungissa on vain muutama uimahalli. Monet ihmiset pitävät uimisesta, ja siksi hallit ovat usein täynnä, Katri jatkaa.

– Tämän hallin kassarouva on kyllä paras! Hän on aina niin ystävällinen ja hyvällä
10 tuulella, että minuakin alkaa naurattaa. Lyötkö vähän lisää löylyä, Katri, Helena pyytää.

– Joo. Hmm, tämä tekee hyvää. Illalla muuten tulee telkkarista se ihana rakkauselokuva, "Vain me kaksi". Aiotko katsoa sen?, Katri kysyy.

– En tiedä vielä. Tuollaiset rakkauselokuvat itkettävät minua aina, mutta kyllä nii-
15 tä on ihana katsoa. Huh, täällä tulee liian kuuma. Minä lähden takaisin uima-altaaseen, Helena sanoo.

– Minä tulen myös, vaikka minua inhottaa mennä kuumasta saunasta kylmään veteen, Katri sanoo.

Lue teksti (s. 84) ja vastaa kysymyksiin.

1. Millainen on uusi uimahalli?

2. Mitä Helena ajattelee hallista?

3. Mitä Helena tekee, kun hän katsoo romanttista elokuvaa?

Tuntemuksia

Suomen kielessä tuntemuksia voi ilmaista mm. seuraavilla verbeillä:

lämmittää	janottaa	ilahduttaa	huolestuttaa	ärsyttää
paleltaa	pyörryttää	huvittaa	pelottaa	kiukuttaa
väsyttää	oksettaa	naurattaa	jännittää	suututtaa
nukuttaa	inhottaa	itkettää	harmittaa	raivostuttaa
piristää				

Yleensä nämä verbit ovat yksikön kolmannessa persoonassa ja persoonapronomini niiden edellä on partitiivissa.

minä ⟶ **Minua naurattaa** tämä elokuva.
sinä ⟶ **Sinua ärsyttää** kova melu.
hän ⟶ **Häntä inhottaa** sade ja kova tuuli.
me ⟶ **Meitä janottaa.** Haluamme juoda vettä.
te ⟶ **Teitä suututtaa,** koska konsertti on loppuunmyyty.
he ⟶ **Heitä itkettää,** koska he katsovat surullista elokuvaa.

Minua harmittaa, jos unohdan avaimet kotiin.
Annea ei huvita lähteä ulos, koska sataa vettä. = Anne ei halua lähteä ulos.
Isää huolestuttaa vilkas liikenne päiväkodin lähellä.
Äitiä ilahduttaa kaunis kimppu kukkia.
Minua jännittää, kun katson hyvää jääkiekkoa.
Vauvaa kiukuttaa, jos hän ei saa heti ruokaa.
Talvella retkellä **meitä lämmittää** kuuma kaakao.
On jo myöhä. **Minua nukuttaa.**
Vatsani on kipeä ja **minua oksettaa.**
Kun olen väsynyt, **minua piristää** kuppi vahvaa kahvia.
Vauvaa pelottaa kova melu.
Täällä on liian kuuma. **Minua pyörryttää.**
Minua raivostuttaa, koska et ymmärrä minua.
Minua väsyttää aina aamulla.

HUOMAA!

Joitakin näistä verbeistä voi käyttää myös siten, että ne taipuvat eri persoonissa.

Minä lämmitän saunan joka lauantai.
Me ilahdutamme isoäitiä kukkakimpulla.
Lääkäri nukuttaa potilaan ennen leikkausta.

Tuntemuksia

Rakastan sinua.

Inhoan räntäsadetta.

Vihaan naapurin koiraa.

Tavallisia tunneverbejä ovat myös **rakastaa, vihata** ja **inhota**. Ne taipuvat eri persoonissa ja niiden kanssa tulee partitiivi (**-a/-ä, -ta/-tä** tai **-tta/-ttä**).

 Kysy pariltasi:

1. Miltä sinusta tuntuu, kun katsot hauskaa elokuvaa?

2. Miltä sinusta tuntuu, kun kahvila on täynnä tupakansavua?

3. Miltä sinusta tuntuu odottaa talvella bussia?

4. Miltä sinusta tuntuu, jos lapset eivät tottele sinua?

5. Miltä sinusta tuntuu, kun katsot surullista elokuvaa?

6. Ketä sinä rakastat? Mitä sinä rakastat?

7. Mitä sinä vihaat? Ketä sinä vihaat?

8. Mitä sinä inhoat? Ketä sinä inhoat?

 Kuuntele harjoitus äänitteeltä ja rastita, onko väite oikein vai väärin.

	Oikein	Väärin
1. Liisa on väsynyt aamulla.		
2. Suihkun jälkeen Liisaa väsyttää.		
3. Liisa on iloinen, koska kahvi on hyvää.		
4. Liisa on vihainen, jos bussi tulee liian aikaisin.		
5. Liisalla on kylmä, koska hänellä ei ole hattua.		
6. Bussissa Liisa juttelee ystävän kanssa.		
7. Liisaa harmittaa, koska hänellä on taas kiire.		
8. Siniä naurattaa, koska Liisa unohtaa usein jotakin kotiin.		
9. Liisa ja Sini ovat iloisia, koska huoltomies avaa oven.		

Valitse oikea sana seuraavista ja täydennä lauseet.

aikalisä	hävitä	kenttä	matsi	rangaistus	varoitus
erotuomari	johtaa	kypärä	ottelu	tasapeli	voittaa
erä	jäähy	maali	palkinto	vaihtaa	yleisö
erätauko	katsomo	maila	pelikielto	valmentaja	

1. Alue, jolla pelaajat pelaavat esim. jääkiekkoa, on _____.

2. HIFK ja Kärpät pelaavat. Tilanne on 4–1. HIFK _____peliä.

3. Jääkiekossa pelataan 3 x 20 minuuttia. Nyt on kolmas

   _____.

4. Pelaajalla on kädessä _____.

5. Ruotsi ja Suomi pelaavat. Peli loppuu 4–5. Suomi _____.

6. Pelaaja tekee virheen. _____viheltää pelin poikki.

7. Jääkiekkoilijalla on päässä _____.

8. Kiekko menee verkkoon. Nyt tuli _____.

9. Kun pelaaja tekee maalin, _____ taputtaa.

10. Voittajalla on kädessä _____.

11. Ihminen, joka kertoo urheilijalle, miten harjoitella ja pelata, on

    _____.

12. Yksi pelaaja kaataa toisen pelaajan. Hänelle tulee kahden minuutin

    _____.

13. Peli päättyy 2–2. Se on _____.

14. Paikka, jossa yleisö istuu ja katsoo peliä, on _____.

15. Ilves ja Jokerit pelaavat. Peli loppuu 5–4. Jokerit _____.

Joukkue A ja joukkue B pelaavat jalkapalloa. Tilanne on 1–1. On viimeinen erä. Kirjoita, mitä tapahtuu. Voit käyttää apuna oheista kuviota.

Pelaaja
–kaataa toisen pelaajan
–tekee maalin
–saa rangaistuksen
–loukkaantuu
–hyökkää/puolustaa hyvin

Tuomari
–viheltää pelin poikki
–antaa rangaistuksen
–ei huomaa pelaajan virhettä
–antaa varoituksen

Maalivahti
–torjuu maalin
–ei torju maalia
–ei näe palloa
–juoksee pois
–ei tee mitään

Joukkue A ja joukkue B pelaavat. Tilanne on 1–1.

Joukkue
–pelaa hyvin/huonosti
–häviää/voittaa/pelaa tasan
–tuulettaa
–juhlii
–itkee
–menee pois

Yleisö
–taputtaa
–kannustaa
–on vihainen tuomarille/
–huutaa
–lähtee pois
–yleisöllä on kuuma/kylmä

Valmentaja
–neuvoo pelaajia
–ottaa aikalisän
–on iloinen
–on vihainen
–kannustaa omia pelaajia
–itkee

Minun nimeni on Leena. Tässä vieressä on minun perheeni kylpyhuone.

Kappaleessa opitaan

- asiointikeskustelua
- työkaluja
- genetiivi ja omistusliitteet
- pääverbejä, joiden kanssa käytetään genetiiviä
- lisää astevaihtelusta

Leena soittaa huoltomiehelle

Eräänä päivänä Leena huomaa, että kylpyhuoneen vesihana vuotaa. Leena yrittää vääntää hanaa kiinni, mutta vettä vain tippuu hanasta. Minun täytyy kutsua huoltomies, hän ajattelee. Leena etsii huoltomiehen numeron ja soittaa.

5 – Päivää. Täällä Leena Mäkinen.
– Päivää, päivää.
– Minä asun täällä Lokkitie 4 A:ssa. Minun kylpyhuoneen vesihanassa on jotain vikaa. Se vuotaa. Milloin voitte tulla katsomaan sitä?
10 – Jaaha. Vuotaako se kovasti?
– No, aika paljon. Vähän väliä tulee vesitippa.

– Joo-o. Minun pitää nyt ensin mennä Haukkakujalle. Siellä on erään asunnon tur-
valukossa jokin ongelma. Sen jälkeen minä voin tulla sinne Lokkitielle. Sehän on
siinä lähellä. Oletko sinä kotona kolmen maissa?

– Kyllä, minä olen, mutta puoli viideltä minun on pakko lähteä.

5 Tänään on minun vuoroni hakea lapset päiväkodista.

– Ei siinä luultavasti kauan mene. Todennäköisesti tiiviste vain täytyy vaihtaa.
Mikä on sinun asuntosi numero?

– Se on asunto 14. Ja A-rapussa. Ai, niin. Voitko samalla katsoa meidän talomme
pyörävaraston ikkunaa? Se ei mene kunnolla kiinni.

10 Selvä. Minä katson. Voitko antaa vielä puhelinnumerosi?
Jos minä en pääse ajoissa, niin voin soittaa.

– Joo, numero on 277 89 66.

– Selvä, kiitos.

– Hei sitten!

15 Hei!

1 Lue teksti ja merkitse, onko väite oikein vai väärin?

	Oikein	Väärin
1. Keittiön vesihana vuotaa.	☐	☐
2. Huoltomies tulee heti Leenan vesihanaa katsomaan.	☐	☐
3. Lokkitie on lähellä Haukkakujaa.	☐	☐
4. Leenan mies hakee tänään lapset päiväkodista.	☐	☐
5. Huoltomies ajattelee, että vesihanassa on iso vika.	☐	☐
6. Pyörävaraston ikkuna on rikki.	☐	☐

2 Mikä ei kuulu joukkoon?

A	B	C	D
1. vasara	1. maalata	1. lauta	1. ruuvimeisseli
2. hakata	2. pensseli	2. saha	2. jakoavain
3. neula	3. maali	3. kerätä	3. nuppineula
4. naula	4. sakset	4. sahata	4. pihdit

Työkalut ja niihin liittyviä verbejä

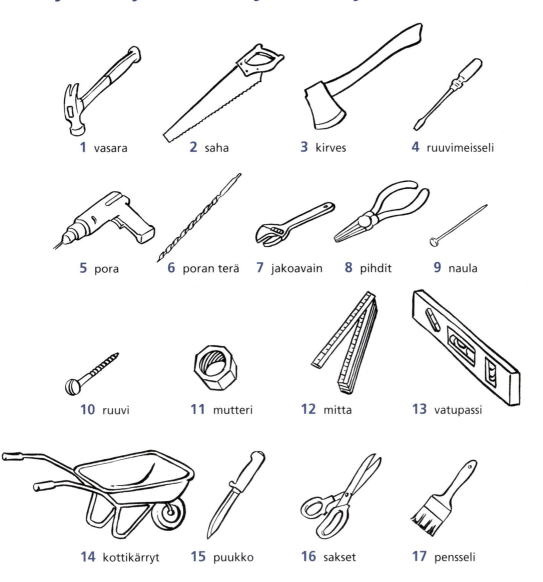

1 vasara   **2** saha   **3** kirves   **4** ruuvimeisseli

5 pora   **6** poran terä   **7** jakoavain   **8** pihdit   **9** naula

10 ruuvi   **11** mutteri   **12** mitta   **13** vatupassi

14 kottikärryt   **15** puukko   **16** sakset   **17** pensseli

korjata	Auto on rikki. Matti **korjaa** autoa.
huoltaa	Matti **huoltaa** autoa: hän lisää öljyä ja vaihtaa lampun.
hakata	Minä **hakkaan** naulan seinään.
maalata	Heikki **maalaa** seinän vihreäksi.
koota	Kari **kokoaa** uuden kirjahyllyn.
porata	Minä **poraan** seinään kaksi reikää.
mitata	Minun täytyy **mitata**, kuinka leveä tämä pöytä on.
vaihtaa	Sulake on palanut. Se täytyy **vaihtaa**.
tiivistää	Täällä on vähän kylmä. Ikkunat täytyy **tiivistää** ennen talvea.

GENETIIVI

Genetiivillä ilmaistaan omistusta. Genetiivin tunnus on **-n.**

Persoonapronominien genetiivimuodot

yksikkö		monikko	
minä	**minun**	me	**meidän**
sinä	**sinun**	te	**teidän**
hän	**hänen**	he	**heidän**
se	**sen**	ne	**niiden /niitten**

Tuo mies on **minun** isäni.
Meidän talomme on vanha.
Minun televisioni on rikki.

Kenen vuoro?

Minun.

Meidän!

Eikä ole, vaan hänen!

Nimet

Nimien perään lisätään suoraan **genetiivin tunnus -n.**

Leena**n** lapsi on päiväkodissa.
Katri**n** mies on Sakari.

Jos nimi loppuu konsonanttiin, tarvitaan ennen genetiivin **-n**-tunnusta ylimääräinen **-i-**.

Maarit**in** isä on eläkkeellä.
Joel**in** avain on hukassa.

Jos käytetään etu- ja sukunimeä, niin vain sukunimeen lisätään **-n.**

Liisa Mattila**n** ammatti on hammaslääkäri.

OMISTUSLIITTEET

Persoonapronominin genetiivin kanssa käytetään kirjakielessä myös **omistusliitettä** sanan lopussa (**-ni, -si, -nsa/-nsä, -mme, -nne, -nsa/-nsä**). Omistusliite lisätään sanan vartaloon. **Minä-, sinä-, me-** ja **te**-persoonissa voi käyttää myös pelkkää omistusliitettä.

Minun tietokonee**ni** on uusi.   = Tietokonee**ni** on uusi.
Sinun laukku**si** on kaunis.   = Laukku**si** on kaunis.
Hänen vauva**nsa** itkee.
Meidän avaime**mme** ovat pöydällä.   = Avaime**mme** ovat pöydällä.
Teidän ove**nne** on auki.   = Ove**nne** on auki.
Heidän vastause**nsa** ovat oikein.

Puhutussa kielessä omistusliite putoaa usein pois. Puheessa käytetään myös vähän erilaisia genetiivimuotoja persoonapronomineista.

Puhekieli

minun	/ mun	auto
sinun	/ sun	auto
hänen	/ sen	auto
meidän	/ meiän	auto
teidän	/ teiän	auto
heidän	/ niitten	auto

Genetiiviä käytetään myös seuraavissa tapauksissa:

Suome**n** pääkaupunki on Helsinki.
Kadu**n** nimi on Koulukatu.
Espoo on Helsingi**n** naapurikaupunki.
Tytö**n** nimi on Liisa.

SANAVARTALOITA

HUOMAA!
Tässä aiemmin opitut sanavartalot sekä pari uutta sanavartaloa.

-i	➡ -e-	Ruotsi on Suome**n** naapurimaa.
-e	➡ -ee-	Ven**ee**n nimi on Vapaus.
-nen	➡ -se-	Nai**se**n puoliso on työssä ulkomailla.
-in	➡ -ime-	**Minun** ava**ime**ni on hukassa.
-si	➡ -de-	Koira on su**de**n sukulainen.
-us	➡ -ukse-	Rakenn**ukse**n katto on huonossa kunnossa.
-us	➡ -ude-	Laulun nimi on "Rakka**ude**n aika".
-is	➡ -ii-	Kaun**ii**n tytön kissa on puussa.
-as	➡ -aa-	Val**aa**n ruokaa ovat pienet kalat.

Kysymyssanan **mikä?**   Mi**n**kä maa**n** pääkaupunki on Tukholma?
genetiivimuoto on **minkä?**:

ASTEVAIHTELU

Genetiivissä sanasta
käytetään heikkoa astetta.

vahva aste	heikko aste	vahva aste	heikko aste
-tt-	-t-	ty**tt**ö	ty**t**ön
-kk-	-k-	lau**kk**u	lau**k**un
-pp-	-p-	na**pp**i	na**p**in
-t-	-d-	ka**t**u	ka**d**un
-k-	–	jal**k**a	jalan
-p-	-v-	lei**p**ä	lei**v**än
-nt-	-nn-	Engla**nt**i	Engla**nn**in
-lt-	-ll-	si**lt**a	si**ll**an
-rt-	-rr-	ke**rt**a	ke**rr**an
-mp-	-mm-	ka**mp**a	ka**mm**an
-nk-	-ng-	ke**nk**ä	ke**ng**än

HUOMAA!

Jos perusmuotoisen	ku**pp**i	Hänen kahviku**pp**insa on rikki.
sanan (nominatiivin)	pai**t**a	Heidän pai**t**ansa ovat vihreät.
lopussa on omistusliite,	sel**k**ä	Minun sel**k**äni on kipeä.
sana on vahvassa asteessa.	par**t**a	Sinun par**t**asi on pitkä ja musta.

3 Yhdistä persoonapronomini ja lauseen loppu.

1. Minun
2. Sinun
3. Hänen
4. Meidän
5. Teidän
6. Heidän
7. Jaanan

a. lapsemme on 5-vuotias.
b. puhelimensa on rikki.
c. äitinne on kaunis nainen.
d. ystäväni menee huomenna naimisiin.
e. veljensä ajaa paljon pyörällä.
f. kissasi leikkii ulkona.
g. käsi on kipeä.

4 Vastaa kysymyksiin käyttämällä genetiiviä.

1. Minkä maan pääkaupunki on Lontoo? _____
2. Minkä maan pääkaupunki on Rooma? _____
3. Minkä maan pääkaupunki on Pariisi? _____
4. Minkä maan pääkaupunki on Tokio? _____
5. Minkä maan pääkaupunki on Addis Abeba? _____
6. Minkä maan pääkaupunki on Buenos Aires? _____
7. Minkä maan pääkaupunki on Bagdad? _____
8. Minkä maan pääkaupunki on Kairo? _____

Pariisi

Kairo

Lontoo

Buenos Aires

Rooma

5 Tee parillesi suullisesti kysymyksiä.

Minkä maan kuningas/presidentti on …?

Minkä maan kieli on …?

Tokio

6   Tee yhdyssana. Yhdistä oikea alku ja loppu.

Alku:

| kengän | lapsen | kissan | lehmän | talon | lehden | ranskan |

Loppu:

| mies | kello | jakaja | nauha | pentu | leipä | lapsi |

7   Katso kuvaa ja vastaa kysymyksiin.

Tytti   Heli   Jukka   Pekka   Jouni   Tero   Urho   Veikko

1. Kenen kirja on paksu?

2. Millainen Pekan kirja on?

3. Kenen tukka on pitkä?

4. Millainen Helin tukka on?

5. Kenen auto on iso?

6. Millainen Veikon auto on?

7. Kenen kynä on pitkä?

8. Millainen Jounin kynä on?

PÄÄVERBIT, JOIDEN KANSSA KÄYTETÄÄN GENETIIVIÄ

Verbien **täytyä**, **pitää** ja **olla pakko** kanssa käytetään genetiiviä. Verbi on yksikön kolmannen (**hän**) persoonan muodossa. Pääverbin jälkeen tuleva **toinen verbi** on **perusmuodossa** eli **infinitiivissä**.

Minun täytyy hakea lapsi päiväkodista kello viisi.
Sinähän olet sairas. **Sinun pitää** mennä lääkäriin.
Liisan on pakko herätä aikaisin aamulla, koska hänellä on pitkä työmatka.
Minun työmatkani on niin lyhyt, että **minun ei tarvitse** herätä kovin aikaisin.
Jos sinä olet täynnä, **sinun ei ole pakko** syödä lautasta tyhjäksi.

minun			**Negatiivisessa**	minun	
sinun			**muodossa** käyte-	sinun	
hänen	**täytyy**		tään verbiä **tarvita**	hänen	**ei tarvitse**
meidän	**pitää**		tai **olla pakko**.	meidän	**ei ole pakko**
teidän	**on pakko**			teidän	
heidän				heidän	

8 Keksi jatko lauseille. Käytä verbejä **täytyä, pitää, olla pakko** ja negatiivisena **tarvita** ja **olla pakko.**

Malli   Minun avaimeni ovat hukassa. *Minun täytyy soittaa huoltomiehelle.*

1. Minulla on huomenna suomen kielen testi. _____.

2. Leila ei näe lukea hyvin. _____.

3. Tero matkustaa huomenna Espanjaan. Tänään illalla _____.

4. Sinullahan on kuumetta. _____.

5. Jos sinä myöhästyt, niin _____.

6. Ahaa, nyt minä ymmärrän. _____.

7. Jos sinä olet huomenna vielä sairas, _____.

9 Esittäkää parin kanssa seuraavat tilanteet.

A Sinä soitat opettajalle ja kerrot, että et voi tulla kouluun, koska sinun lapsesi on sairas ja teidän täytyy mennä lääkäriin.

B Olet menossa kotiin, kun huomaat, että unohdit avaimesi aamulla kotiin. Sinä soitat huoltomiehelle ja pyydät, että hän tulee avaamaan oven.

C Sinä olet sairas ja soitat terveysasemalle ja varaat ajan lääkärille.

D Sinun hampaasi on tosi kipeä. Soitat hammaslääkäriin ja yrität saada nopeasti ajan.

E Sinulla ei ole mattopiiskaa. Menet naapuriin ja pyydät mattopiiskaa lainaksi.

10 Kuuntele tarina ja vastaa seuraaviin kysymyksiin.

1. Mikä ongelma Leenan televisiossa on? _____

2. Onko televisio vanha? _____

3. Miksi Leena ei vie televisiota huoltoon? _____

4. Milloin huoltoliikkeen mies hakee television? _____

5. Mitä korjaus maksaa? _____

 Kirjoita, millainen voi olla oikein huono päivä, jolloin kaikki epäonnistuu.

Kappaleessa opitaan

- matkustussanastoa
- lukemaan aikataulua
- ajan ilmauksia
- lisää genetiivistä
- postpositiot takana, edessä, alla, päällä

Terhi matkustaa ulkomaille

Terhi Kukkola on lähdössä matkalle Ranskaan. Hänen lomansa alkaa kahden päivän kuluttua perjantaina. Terhin täytyy olla lentokentällä aamulla kymmenen maissa, sillä kone lähtee yhdentoista aikaan. Hänen poikansa Matti on matkan ajan isänsä luona, joten Terhin
5 täytyy pakata myös Matin vaatteet ja koulukirjat ennen kuin hänen entinen miehensä tulee ja hakee pojan luokseen.

Terhi oli Ranskassa lomalla jo vuosi sitten. Hän haluaa mennä sinne tänä kesänä uudestaan, koska hänellä oli viime vuonna hauska viikko ranskalaisen ystävänsä Marien luona. Marie asuu pienes-
10 sä kylässä Pariisin lähellä.

Terhin kotona on tällä hetkellä hirveä sekasotku. Hänellä on sängyn vieressä lattialla matkalaukku. Avonaisen matkalaukun sisällä on jo pari puseroa, yksi hame ja aurinkolasit.

Loput vaatteet ovat vielä sängyn päällä, ja pari kenkiä odottaa sateenvarjon kanssa tuolin alla. Terhi pakkaa tavaroita ja miettii, onko kaikki varmasti mukana.

Torstaina Terhillä ei ole enää paljon aikaa pakata. Hänellä on pitkä päivä töissä, ja työpäivän jälkeen hänen täytyy vielä käydä pankissa. Hänellä on päivällä ensin pitkä
5 kokous ja sen jälkeen tietokonekoulutusta. Kokouksen ja koulutuksen välissä Terhin pitää nopeasti käydä poliisiasemalla ja hakea uusi passinsa.

Illalla Terhi katsoo televisiosta Euroopan sääennustuksen. Ranskassa on nyt aurinkoista ja lämmintä. Viikonloppuna voi vähän sataa, mutta sitten on taas tulossa poutaa.

– Ihanaa, Terhi huokaisee. Minun lomaviikostani tulee kaunis.

1 Lue teksti ja merkitse, ovatko väitteet oikein vai väärin?

	Oikein	Väärin
1. Lentokentällä täytyy olla kymmeneltä.	☐	☐
2. Terhin poika Matti lähtee myös Ranskaan.	☐	☐
3. Terhi matkustaa Ranskaan ensimmäistä kertaa.	☐	☐
4. Marie on Terhin kaveri.	☐	☐
5. Terhi pakkaa matkalaukun torstaina.	☐	☐
6. Terhi hakee passin torstaina.	☐	☐
7. Terhin lomaviikolla Ranskassa on huono ilma.	☐	☐

2 **Kirjoita seuraavat sanat oikeaan lauseeseen oikeassa muodossa.**

passintarkastus	turvavyö	välilasku	lähtöselvitys
käsimatkatavara	tulli	saattaa	hihna
valuutta	portti	olla vastassa	matkavakuutus

1. Kaija matkustaa Yhdysvaltoihin. Ennen matkaa hän vaihtaa eurot dollareiksi

   eli hän vaihtaa _____.

2. Hän ajattelee, että _____ on hyvä olla

   myös, jos sairastuu tai joku varastaa kameran tai rahat.

3. Hänen miehensä Keijo _____ Kaijan lentokentälle autolla.

4. Ensin on _____. Siellä Kaija näyttää lipun.

5. Lähtöselvityksessä on _____, johon Kaija panee matkalaukun.

6. Sen jälkeen on vuorossa _____. Kaijan passi

   on vielä 3 vuotta voimassa.

7. Kaijalla on vain vähän _____. Hänellä on pieni reppu,

   jossa on kirja ja korvalappustereot.

8. Kaijan lentokoneen _____ on A22.

9. Lentokoneessa lentoemäntä kertoo, että _____ on hyvä olla

   kiinni koko matkan ajan.

10. Lento New Yorkiin on pitkä. Lennolla on vain yksi _____

    Lontoossa.

11. Kun Kaija palaa takaisin Suomeen, hänen täytyy taas kulkea passintarkastuk-

    sen läpi. Lisäksi matkalaukun kanssa täytyy kävellä _____

    läpi. Tullivirkailija ei katso Kaijan laukkua.

12. Kaijan mies Keijo _____ lentokentällä.

    Hänellä oli kova ikävä Kaijaa pitkän matkan aikana.

AJAN ILMAUKSIA + GENETIIVI

Näiden ajan ilmausten kanssa käytetään genetiiviä.

kuluttua = **päästä**	Tänään on torstai. Kolme**n** päivä**n kuluttua** on sunnuntai.
maissa = **aikaan**	Terhi tulee kotiin neljä**n maissa**. = Terhi tulee kotiin noin kello neljä.
jälkeen	Yö**n jälkeen** tulee aamu.
aikana	Minä soitan sinulle tämä**n** päivä**n aikana**.
ajan	Matka**n ajan** Matti asuu isänsä luona.
kuluessa	Saatte vastauksen 10 päivä**n kuluessa**.

MUITA AJAN ILMAUKSIA

sitten	Tänään on torstai. Kaksi päivä**ä sitten** oli tiistai.
ennen	Minun täytyy olla kotona **ennen** kello kolme**a**.
aikaisintaan	Minä olen tänään kotona **aikaisintaan** viide**ltä** / kello viisi.
viimeistään	Minä soitan sinulle **viimeistään** kolme**lta**/tiista**ina**.

POSTPOSITIOITA

Postpositiot ilmaisevat paikkaa. Ne tulevat yleensä pääsanansa jälkeen.
Näiden postpositioiden kanssa käytetään **genetiiviä**.

edessä	Auto on talo**n edessä**.
vieressä	Auto**n vieressä** on polkupyörä.
takana	Puu on talo**n takana**.
päällä	Kirja on tuoli**n päällä**.
alla	Kissa on tuoli**n alla**.

vasemmalla puolella – oikealla puolella

Lautase**n vasemmalla puolella** on haarukka ja lautase**n oikealla puolella** on veitsi.

yllä	Kaupungi**n yllä** on lentokone.
keskellä	Kaku**n keskellä** on kynttilä.
	(**Vrt.** Kynttilä on keskellä kakku**a**.)
välissä	Kaupa**n** ja posti**n välissä** on kioski.
ympärillä	Pöydä**n ympärillä** on viisi tuolia.
sisällä	Pullo**n sisällä** on kirje.
luona	Matti on Liisa**n luona**.
kanssa	Matti menee elokuviin tyttöystävä**n kanssa**.

ääressä	Koko perhe istuu ruokapöydä**n ääressä**.
lähellä	Espoo on Helsingi**n lähellä**.
pinnalla	Liisa ui. Hänen päänsä on vede**n pinnalla**.
ohi	Minä kävelin eilen verotoimisto**n ohi**.
läpi	Emilia heitti pallon ikkuna**n läpi**, ja lasi meni rikki.
kautta	Tulen kaupa**n kautta** kotiin.

3 Katso kuvaa ja kerro tai kirjoita vihkoon, missä eri huonekalut ja tavarat ovat.
Käytä sanoja alla, päällä, takana, edessä jne.

4 Tee parillesi kysymyksiä luokasta:
Missä tavarat ja huonekalut ovat?

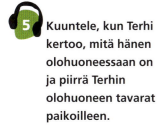

5 Kuuntele, kun Terhi
kertoo, mitä hänen
olohuoneessaan on
ja piirrä Terhin
olohuoneen tavarat
paikoilleen.

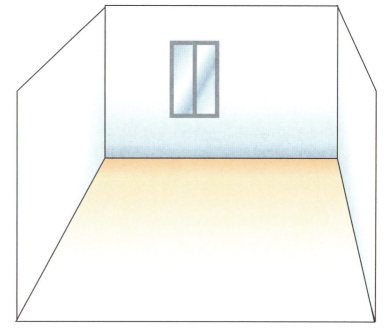

6 Katso juna-aikataulua ja vastaa kysymyksiin.

Helsinki-Turku					
		S123	IC²129	IC²137	S149
km	asema	M-L	M-S	M-S	M-S
0	Helsinki	7.38	11.03	15.03	21.03
3	Pasila	7.45	11.09	15.09	21.09
20	Espoo	7.58	11.22	15.22	21.22
37	Kirkkonummi		11.35	15.35	21.35
86	Karjaa	8.32	12.01	16.01	22.01
139	Salo	8.57	12.30	16.30	22.30
191	Kupittaa	9.19	12.54	16.54	22.52
194	Turku	9.25	13.00	17.00	22.58
197	Turku/satama		17.12		

Helsingin rautatieasema

1. Kuinka monta kilometriä on Helsingistä Karjaalle?
2. Kuinka kauan kestää junamatka Kupittaalta Turkuun?
3. Mihin aikaan lähtee juna Helsingistä Turun satamaan?

4. Mitkä junat menevät Kirkkonummelle?
5. Mikä juna ei kulje sunnuntaisin?
6. Sinulla on kokous Salossa klo 13.00. Millä junalla lähdet Helsingistä?

7 Kuuntele keskustelu linja-autoasemalla ja vastaa kysymyksiin.

1. Mihin aikaan aamupäivällä lähtee ensimmäinen bussi Tampereelle?
2. Pysähtyykö seuraava bussi Viialassa?

3. Milloin toinen bussi on perillä Tampereella?
4. Täytyykö lippu ostaa etukäteen?

Tampereen keskusta

Pikkusanoja

ehkä	Laitan paketin tänään postiin. Se on **ehkä** ylihuomenna sinulla.
kai	Oliko Liisa vihainen? – Ei **kai**. Hänellä oli vain kiire.
vielä	Kello on yli kahdeksan illalla, ja Matti on **vielä** töissä.
	Otatko **vielä** kahvia?
	Onko ruoka valmista? – Ei **vielä**.
jo	Lähden huomenna aikaisin aamulla Tukholmaan.
	Minun täytyy herätä jo puoli viideltä.
edes	**Liisa on minulle hyvin vihainen. Hän ei sano edes huomenta.**
vasta	**Onko tänään tiistai? – Ei, se on vasta huomenna.**
aina	**Minä syön aina aamulla puuroa, ihan joka päivä.**
ei koskaan =	Minä **en koskaan** muista sinun puhelinnumeroasi. Minun täytyy
ei milloinkaan =	**aina** katsoa se luettelosta.
ei ikinä	
usein	**Kesällä menen usein pyörällä töihin. Vain sateella käytän bussia.**
harvoin	**Minä käyn harvoin elokuvissa, ehkä kaksi kertaa vuodessa.**
joskus	Normaalisti käyn pienessä lähikaupassa,
	mutta **joskus** menen isoon marketiin.

8 Täydennä oikealla sanalla.

1. En tiedä, milloin tulen. _____ neljältä.

2. Oletko _____ töissä? Kello on jo kahdeksan illalla!

3. Sini muistaa _____ ystävien syntymäpäivät.

4. Normaalisti syön terveellisesti. Vain _____ tilaan pizzaa.

5. Reino _____ sano mitään kaunista minulle.

   No, _____ hän kehuu, että olen nuorennäköinen.

6. - Minulla ei ole nälkä.

   - Ota _____ vähän salaattia.

Kirjoita asuinpaikastasi.

– Millainen asuintalo sinulla on?
– Kuka asuu vieressä, alla ja yläpuolella?
– Kuinka pitkä matka on työhön/kouluun …?
– Mitä on talon edessä, talon takana ja vieressä?
– Millä kulkuneuvolla menet keskustaan?
– Missä on kauppa, posti, pankkiautomaatti, lääkäri, kioski, puisto …?

Antti etsii autokorjaamoa

Kappaleessa opitaan

- kysymään paikkaa
- kertomaan, missä jokin on
- paikallissijat

Antti:	Hei anteeksi, missä täällä on autokorjaamo?
Autoilija:	Ai Lahtisen Korjaamo? Se on noiden liikennevalojen jälkeen oikealle ja seuraavista valoista vasemmalle. Näet heti vasemmalla korjaamon.
₅ Antti:	Selvä, kiitti vain.
Autoilija:	Eipä mitään.

Bussissa

Leena:	Pääseekö tällä bussilla Kitarakujalle?
Kuljettaja:	Kyllä vain.
Leena:	En tunne tätä kaupunkia, joten voisitko sanoa,
₁₀	kun olemme siellä.
Kuljettaja:	Joo.
Leena:	Kiitos.

Kotona koulun jälkeen

Janne:	Janne Laine.
Katri:	Hei Janne, äiti täällä. Millainen sinun koulupäiväsi oli?
Janne:	Ihan kiva. Me kävimme museossa.
Katri:	Ai, sehän oli mukavaa. Kuule, jääkaapissa on makaronilaatikkoa. Sinun täytyy laittaa se mikroon ja lämmittää. Voit ottaa pakastimesta jäätelöä jälkiruoaksi.
Janne:	Joo, joo. Miksi meillä ei ole koskaan pitsaa? Voisinko hakea kaupasta pitsan ja lämmittää sen mikrossa?
Katri:	Et. Minä teen pitsaa sitten perjantaina. Minun täytyy nyt mennä. Tulen kotiin noin kello viisi. Hei sitten!
Janne:	Heippa!

Talvilomalla Lappiin

Lahtelat ovat kylässä Tahvanaisilla. Sami ja Antti keskustelevat yhteisestä talvilomamatkasta Lappiin. Tänä vuonna Antilla oli hyvä tuuri, koska hänellä oli mahdollisuus vuokrata firman mökki pääsiäisestä lähtien viikoksi.

Näkymä Leviltä

– Millä me menemme sinne Leville? Emme kai me aja autolla koko matkaa, Sami kysyy.

– Ei, me pääsemme autopikajunalla Kolariin asti. Voimme ottaa autot mukaan junaan ja ajaa sitten Kolarista Kittilään, Leville saakka. Se on minusta kätevää. Säästyy aikaa ja junassa voi nukkua kunnolla, Antti sanoo.

– Onko sinulla karttaa? Matkustan Lappiin ensimmäistä kertaa, joten en oikein tiedä, missä Levitunturi on, Sami kysyy.

– Otapa kartta tuolta pöydältä, niin katsotaan, Antti sanoo. Luulen, että meidän pitää varata pian paikkaliput junaan, koska Lappiin on taatusti muita matkustajia pääsiäisenä, Antti jatkaa.

– Niin, minä voin varata ne huomenna, kun menen isääni vastaan rautatieasemalle, Sami sanoo ja tutkii karttaa. Kittilässähän on myös lentokenttä. Kannattaako meidän lentää Kittilään ja vuokrata sieltä autot?

– En usko. Lennot Kittilään maksavat aika paljon, samoin autonvuokraus. Kylästä on kävelymatka rinteeseen, joten oma auto ei ole välttämätön, Antti toteaa.

– Minä en kyllä lähde ilman autoa! Lasten kanssa ja kaikkien varusteiden kanssa on hankalaa liikkua kävellen tai bussilla. Hei, Levin lähellähän on myös Yllästunturi! Työkaverini sanoi, että myös siellä on upeat rinteet, Sami sanoo.

– Joo, voimme tehdä Leviltä retken Ylläkselle. Minäkin pidän siitä tunturista. Mutta silloin meillä on parasta olla omat autot, Antti sanoo.

– Jaaha, mennäänpä katsomaan, joko naiset ovat pois saunasta, niin pääsemme mekin lauteille. Otatko oluen?, Antti kysyy.

– Kyllä, kiitos, Sami sanoo

1 Lue teksti (s. 105) ja merkitse, onko väite oikein vai väärin.

	Oikein	Väärin
1. Lahtelan perhe matkustaa Lappiin yksin.	☐	☐
2. Matka tehdään pääsiäisenä.	☐	☐
3. Antilla on oma mökki Lapissa.	☐	☐
4. Matka tehdään lentokoneella.	☐	☐
5. Sami haluaa matkustaa ilman autoa.	☐	☐

SIJAMUODOT

Missä sinä asut?
– Minä asun nyt Porvoo**ssa**.
– Minä asun piene**ssä** kaupungi**ssa**.
– Minä asun Tamperee**lla**.

Missä isä on?
– Hän on keittiö**ssä**.
Missä sinun kaulaliinasi on?
– Se on hattuhylly**llä**.

Mistä te tulette bussilla?
– Me tulemme Turu**sta**.
Mistä minä löydän päivän lehden?
– Se löytyy tuo**lta** ylähylly**ltä**.
Mistä löytyy lääkärikeskus?
– Se löytyy kolmanne**sta** kerrokse**sta**.

Mihin sinä matkustat lomalla?
– Minä matkustan Italia**an**.
Mihin tämä bussi menee?
– Tämä bussi menee Tamperee**lle**.
Minne te muutatte?
– Me muutamme vanh**aan** Porvoo**seen**.

Suomen kielessä on **kuusi eri sijamuotoa**, joiden avulla ilmaistaan tekemisen paikkaa tai suuntaa. Nämä sijamuodot jaetaan kahteen ryhmään sen mukaan, tapahtuuko tekeminen paikan **sisäpuolella** (-s-sijat) vai **ulkopuolella** tai **päällä** (-l-sijat). Pääsanan edessä olevat adjektiivit, pronominit ja numerot taipuvat samassa sijamuodossa pääsanansa kanssa.

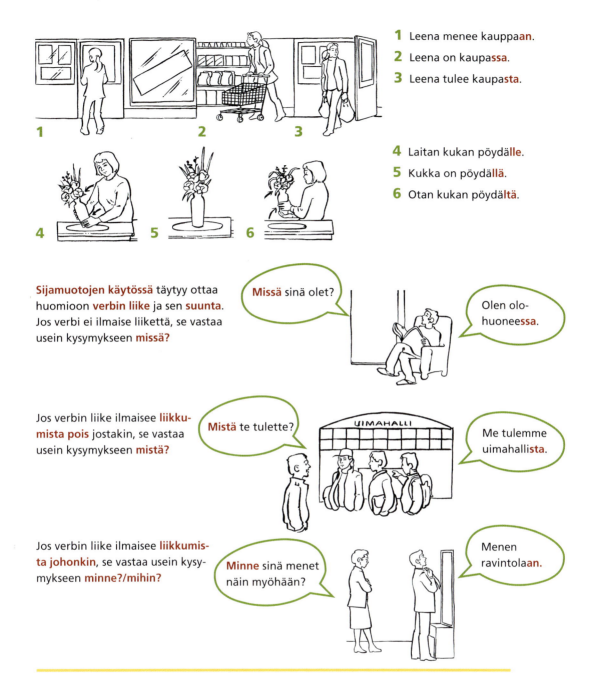

1 Leena menee kauppa**an**.
2 Leena on kaupa**ssa**.
3 Leena tulee kaupa**sta**.

4 Laitan kukan pöydä**lle**.
5 Kukka on pöydä**llä**.
6 Otan kukan pöydä**ltä**.

Sijamuotojen käytössä täytyy ottaa huomioon **verbin liike** ja sen **suunta**. Jos verbi ei ilmaise liikettä, se vastaa usein kysymykseen **missä?**

Missä sinä olet?

Olen olo-huonee**ssa**.

Jos verbin liike ilmaisee **liikkumista pois** jostakin, se vastaa usein kysymykseen **mistä?**

Mistä te tulette?

Me tulemme uimahalli**sta**.

Jos verbin liike ilmaisee **liikkumista johonkin**, se vastaa usein kysymykseen **minne?/mihin?**

Minne sinä menet näin myöhään?

Menen ravintola**an**.

Missä?

1 Jos tekeminen tapahtuu **sisäpuolella**, käytetään muotoa, jonka nimi kieliopissa on **inessiivi**. Sen pääte on **-ssa/-ssä**, ja se liitetään sanan vartaloon (**heikko aste**).

Uusi takki on lauku**ssa**.
Me asumme Kuopio**ssa**.
Olen koko päivän työ**ssä** puisto**ssa**.

HUOMAA seuraavat sanat: Me olemme **ulkona**.
                              En asu **kaukana**.

Lapset leikkivät **kotona**.
Olen isoäidin **luona**.

2 Jos tekeminen tapahtuu **ulkopuolella** tai **jonkin päällä**, käytetään muotoa, jonka nimi kieliopissa on **adessiivi**. Sen pääte on **-lla/-llä** ja se liitetään sanan vartaloon (**heikko aste**).

Kaulaliinasi on tuoli**lla**.
Auto on kadu**lla**.
Sanomalehti on hylly**llä**.

Tätä muotoa käytetään myös silloin, kun kerrotaan, **millä kulkuneuvolla** kuljetaan tai **minkä avulla** jotakin tehdään.

Menen Kouvolaan auto**lla**.
Kaija matkustaa Tukholmaan aina lentokonee**lla**, mutta minä matkustan sinne laiva**lla**.
Aleksi ei osaa vielä syödä haaruka**lla** ja veitse**llä**.
Voinko maksaa pankkikorti**lla**?

3 Verbi **käydä** + **missä?**

Käytkö illalla kaupa**ssa**?
Käyn joka aamu suihku**ssa**.
Me **käymme** viikonloppuna Tamperee**lla**.
He **käyvät** usein tori**lla** Turu**ssa**.

Mistä?

1 Jos tekeminen tapahtuu **pois sisäpuolelta** tai tekemisen suunta on pois sisäpuolelta, käytetään muotoa, jonka nimi kieliopissa on **elatiivi**. Sen pääte on **-sta/-stä** ja se liitetään sanan vartaloon (**heikko aste**).

Tuon kahvia kaupa**sta**.
Paola on kotoisin Italia**sta**.
Otan jääkaapi**sta** maitoa.

HUOMAA seuraavat sanat:

Me tulemme **ulkoa**.
Lapset lähtevät **kotoa** kello kahdeksan.
Ralli alkaa **kaukaa**, mutta se päättyy tänne.
Tulen isoäidin **luota** huomenna.

2 Jos tekeminen tapahtuu **pois ulkopuolelta** tai **pinnalta**, käytetään muotoa, jonka nimi kieliopissa on **ablatiivi**. Sen pääte on **-lta/-ltä,** ja se liitetään sanan vartaloon.

Annatko minulle tuon kynän pöydä**ltä**?
Lapsi nostaa roskan lattia**lta**.
Ostan kalaa aina tori**lta**.

HUOMAA, että tätä muotoa käytetään vastauksessa myös silloin, kun kysytään kellonaikaa kysymyksellä **milloin?/koska?** tai **mihin aikaan?**

Sinun täytyy olla kotona seitsemä**ltä**.
Vauva herää aamulla neljä**ltä**.
Juna lähtee viide**ltä**.

3   Verbit **ostaa** ja **löytää** + **mistä?**   **Ostan** ruokaa lähikaupa**sta**, mutta lasten-
vaatteet kirpputori**lta**.
Pekka **ei löydä** passiaan **mistään.**
Minä **löydän** harvoin rahaa kadu**lta**.

Mihin?/Minne?

1   Liikettä **sisäpuolelle** ilmaisee usein **illatiivi**. Muodolla on useita päätteitä ja ne
lisätään sanan vartaloon. Tässä muodossa käytetään sanan **vahvaa astetta**.
Illatiivi tehdään seuraavasti:

a)   Jos sanan vartalon lopussa on   Vien lapset päiväkoti**in**.
yksi vokaali, siihen lisätään   Minun täytyy mennä kauppa**an**.
sama vokaali + -n.   Tuletko puhelime**en**?

HUOMAA sanojen **uusi, käsi, vesi,**   Muutamme **uuteen** talo**on**.
kuukausi ja **vuosi** vartalo.   Otan kirjan **käteen** ja alan lukea.
Annen koira hyppää mielellään **veteen**.

HUOMAA myös ne sanat, joiden   Matkustatteko te tänä kesänä Italia**an**?
vartalon lopussa on **-ia/-iä,**   Minun täytyy ostaa uusi pöytä keittiö**ön**.
-io/-iö, -eo, -ea/-eä tai **-ue/-ye.**   Me menemme tärke**ään** kokoukse**en**.
Tänä vuonna Pekalla on mahdollisuus vain
lyhye**en** kesäloma**an**.

b)   Jos sanan vartalon lopussa on   Aurinko paistaa aamulla makuuhuonee**seen**.
kaksi samanlaista vokaalia,   Mäkiset muuttavat kauniise**en** talo**on** Espoo**seen**.
ja vartalossa on kaksi tai
kolme tavua, pääte on **-seen.**

c)   Jos sana on lyhyt ja sen vartalo   Juha lähtee työ**hön** kello kahdeksan.
loppuu kahteen vokaaliin,   Sinun täytyy laittaa hattu pää**hän** talvella.
pääte on **-h + vartalon**   Meidän kissamme haluaa kiivetä puu**hun**.
viimeinen vokaali + -n:

HUOMAA lisäksi seuraavat sanat: Me menemme **ulos.**
Lapset menevät **kotiin**.
En mene **kauas.**
Menen isoäidin **luo.**

2   Kysymys **mihin?/minne?** ilmaisee usein liikettä **ulkopuolelle** tai **pinnalle**, ja sen pääte on **-lle**. Tämän muodon nimi kieliopissa on **allatiivi**. Pääte liitetään sanan vartaloon **(heikko aste)**.

Laitan kirjan pöydä**lle**.
Janne juoksee pysäki**lle**.
He menevät kaupungi**lle**.
Lähdetkö kahvi**lle**?

HUOMAA, että joissakin maiden ja kaupunkien nimissä käytetään **-l**-sijamuotoja.

Lähdemme kylään Vantaa**lle**.
Menen junalla Tamperee**lle**,
mutta lentokoneella Rovanieme**lle**.
Virtaset matkustavat lomalla Venäjä**lle**.

3   Verbit **jäädä** ja **unohtaa** + **mihin?**

Voitko **jäädä** koti**in**?
Haluan **jäädä tänne**.
Joskus **unohdan** pullat uuni**in**.
Hän **unohtaa** usein kännykän työpaika**lle**.

Missä?	**Mistä?**	**Mihin?/Minne?**
Käyn kaupa**ssa**.	Tulen posti**sta**.	Menen koulu**un**.
Asun Vantaa**lla**.	Tulen Keraval**ta**.	Menen lentokentä**lle**.

---

2   **Valitse oikea vaihtoehto.**

                 A   **B**   **C**

1. Menen aamulla — A: koulussa. B: koulusta. C: kouluun.
2. Vien Annan — A: päiväkotiin. B: päiväkodissa. C: päiväkodista.

3. Sami matkustaa (2 vaihtoehtoa) — A: Lapissa. B: Lappiin. C: Lapista.
4. Käytkö sinä — A: kauppaan? B: kaupasta? C: kaupassa?
5. Haen lainaa — A: pankista. B: pankkiin. C: pankissa.
6. Lahtiset ovat — A: kotiin. B: kotoa. C: kotona.
7. Kissa istuu — A: tuolilla. B: tuoliin. C: tuolissa.
8. Lähetän lapset — A: mummolasta. B: mummolaan. C: mummolassa.

9. Olen sairas ja jään — A: kotona. B: kotoa. C: kotiin.
10. Laitan kännykän — A: taskusta. B: taskuun. C: taskussa.

3 Kirjoita, missä nämä ihmiset ovat työssä. Keksi mahdollisimman monta paikkaa.

Ammatti	Missä hän on työssä?
1. hammaslääkäri	*terveyskeskuksessa, lääkäriasemalla*
2. opettaja	
3. tarjoilija	
4. myyjä	
5. poliisi	
6. insinööri	
7. johtaja	
8. siivooja	
9. toimittaja	

4 Vastaa kysymyksiin.

1. Mihin sinä menet, kun haluat ostaa ruokaa? _____

2. Minne sinä menet, kun lapsellasi on korva kipeä? _____

3. Mihin sinä menet, kun sinun täytyy ostaa lääkettä? _____

4. Minne sinä menet, kun tarvitset käteistä rahaa? _____

5. Mihin sinä menet, kun haluat ostaa uuden sohvan? _____

6. Minne sinä menet, kun haluat ostaa lapsellesi käytetyt luistimet?

_____

7. Mihin sinä menet, kun sinulla on stressi? _____

8. Minne sinä menet, kun haluat kuunnella musiikkia? _____

9. Mihin sinä menet, kun haluat uida? _____

10. Minne sinä menet, kun haluat lainata CD-levyjä tai kirjoja? _____

11. Mihin sinä menet, kun haluat ostaa matkan aurinkoon? _____

12. Minne sinä menet, kun haluat ostaa junalipun Rovaniemelle?

_____

13. Mihin sinä menet, kun sinun polkupyöräsi tai autosi on rikki?

_____

14. Minne sinä menet, kun haluat ostaa bensaa? _____

5 Täydennä Annen ja Jaanan keskustelu. Käytä seuraavia sanoja oikeassa muodossa:

kahdeksan	työ	laukku	koti

Anne: Hei Jaana! Pitkästä aikaa! Mistä sinä tulet?

Jaana: Tulen _____, mutta minulla on kiire. Kurssi alkaa pian.

Mistä sinä olet tulossa?

Anne: Tulen _____. Olisi mukava tavata ja jutella.

Milloin sinun kurssi loppuu?

Jaana: Se loppuu _____. Voitko soittaa kännykkääni sen jälkeen?

Anne: Joo, odota, otan kynän _____. Mikä on sinun numero?

Jaana: Se on 050-5524 8871. Kiva, nähdään sitten myöhemmin. Hei hei!

Anne: Joo, hyvä. Hei hei

6 Kirjoita sanat oikeassa muodossa.

1. Kello soi. Herään ja menen _____ (kylpyhuone).

2. Käyn _____ (suihku).

3. Sitten kävelen _____ (keittiö) ja laitan vettä _____

   _____ (kahvinkeitin).

4. Otan voita ja juustoa _____ (jääkaappi).

5. Laitan ne _____ (pöytä).

6. Syön ja lähden _____ (työ).

7. Kävelen ensin _____ (bussipysäkki).

8. Bussi menee _____ (keskusta).

9. Istun _____ (bussi) 20 minuuttia ja jään sitten pois

   _____ (bussi).

10. Juoksen _____ (työ), koska olen myöhässä.

11. Kaikki muut ovat jo _____ (työpaikka).

12. Istuudun _____ (tuoli) ja aloitan päivän työt.

7 Katso karttaa ja kuuntele Mäkisen perheen suunnitelmia heidän kesälomamatkastaan Suomessa. Piirrä heidän reittinsä karttaan.

Katso kuvaa ja kirjoita, millaisen maailmanympärysmatkan haluat tehdä! Käytä apunasi näitä kysymyksiä.

Millä kulkuvälineellä?

Mistä?

Minne?

MATKA MAAILMAN YMPÄRI

Milloin?

Kenen kanssa?

Kuinka kauan?

Rovaniemi

Oulu

Kokkola

Kajaani

Vaasa

Kuopio

Pori

Joensuu

Jyväskylä

Savonlinna

Seinäjoki

Tampere

Mikkeli

Rauma

Hämeenlinna

Imatra

Lahti

Lappeenranta

Turku

Kotka

Helsinki

• Reykjavik

• Helsinki

Atlantti

• Moskova

• Lontoo

• Vancouver

• Ottawa

• New York

San Francisco

Washington D.C.

• Lissabon

Peking•

• Los Angeles

Kanarian saaret

Kairo•

• Jerusalem

• Tokio

Tyynimeri

México •

• Havanna

• Delhi

• Hong Kong

• Mumbai

• Caracas

Kap Verden saaret

• Khartum

• Manila

Galápagos saaret °

• Bogota

• Nairobi

• Singapore

• Lima

• Dar es Salaam

Intian valtameri

• Rio de Janeiro

• São Paulo

• Johannesburg

Santiago•

• Buenos Aires

• Kapkaupunki

Canberra

• Sydney

Melbourne

Wellington

Matkalla töihin

Antti Tahvanainen ajaa autollaan töihin. Syysaurinko paistaa kirkkaasti. Yöllä oli pakkasta, ja nyt tien pinnalla on mustaa jäätä. Tie on liukas.

– Onneksi minulla on hyvin aikaa, ennen kuin kokous alkaa. Ei
5 tarvitse ajaa niin lujaa, vaikka onhan täällä tiellä taas ruuhkaakin, Antti ajattelee.

Antti ja hänen perheensä asuvat maalla lähellä Helsinkiä. Antti on työssä Espoossa, ja hänen vaimollaan on oma yritys kotikunnassa.

10 Antista on mukava ajaa autolla töihin. Siinä voi miettiä päivän töitä ja ihailla maisemia. Antti on kotoisin Itä-Suomesta, ja joskus hän kaipaa Itä-Suomen luontoa, koska siellä maasto on vaihtelevaa, ei niin tasaista kuin täällä Etelä-Suomessa. Vaikka onhan täälläkin

kaunista, erityisesti näin syksyllä ruskan aikaan. Antin mielestä mikään ei ole niin rentouttavaa kuin ulkoilla syksyisessä metsässä koiran kanssa.

Antti ajaa monen kesämökin ohi. Hän ajattelee omaa mökkiään. Mökin ympäriltä pitää kaataa pari vanhaa puuta, ja rantaan täytyy tehdä uusi polku. Mökki on kauniil-
5 la paikalla eräässä saaressa. Antin vaimo haluaa mökille ison puutarhan, mutta mökki on kalliotontilla. Se on Antin mielestä vain hyvä, koska silloin jää enemmän aikaa kalastukselle.

Kerran pari vuodessa Antti käy Lapissa. Hän pitää vaeltamisesta. Firmalla on oma mökki Lapissa, ja työntekijät voivat vuokrata sen viikoksi kerrallaan. Mökki on tuntu-
10 rin rinteessä, ja sen pihalta voi lähteä heti laskettelemaan. Antti laskettelee paljon tunturilla, ja silloin hänen silmänsä lepäävät kauniissa maisemassa. Antin mielestä Suomessa onkin parasta puhdas luonto.

– Ohhoh, jokos minä olen melkein perillä! Ja minun olisi pitänyt miettiä aamun kokousta eikä ajatella omia asioitani!

1 **Lue teksti ja vastaa kysymyksiin.**

1. Millainen sää on?

2. Mistä asioista Antti pitää?

3. Mitä Antti harrastaa?

Kirstin kotikaupunki

15 Kirsti Lahtela kertoo omasta kotikaupungistaan:

Asun perheeni kanssa eräässä Itä-Helsingin lähiössä. Lähiö on uusi, ja siellä on paljon kerrostaloja, jotka ovat hyvin lähekkäin. Parasta on se, että lähiössä on myös oma uimaranta. Rantaa kiertää kaunis kävelytie, ja sen varrella on penkkejä. Rantatie on melko pitkä, ja usein iltaisin lenkkeilen siellä naapurini Sallan kanssa.

20 Lähiössä on päiväkoti, mutta koulua ei vielä ole. Tyttöni on päiväkodissa, ja se on vilkkaan tien toisella puolella. Kaupunginosayhdistys tekee joka vuosi monta aloitetta kaupunginvaltuustolle. Yksi aloite on saada päiväkodin lähelle risteykseen liikennevalot. Nyt suojatie on vaarallinen. Onneksi meidän pihalla ei ole paljon autoja, koska ne ovat pysäköintitalossa.

25 Olen työssä Helsingin kaupungin liikennelaitoksella, ja ammattini on raitiovaununkuljettaja. Menen työhöni metrolla ja bussilla. Pidän työstäni. Saan tavata paljon ihmisiä ja katsella myös kaupunkia eri vuodenaikoina. Ratikkalinjat kulkevat keskustassa tai lähellä sitä. Ratikkaa ei ole vaikea ajaa, mutta muuta liikennettä on paljon. Suomessa ei ole muissa kaupungeissa ratikoita.

30 Helsingissä on hyvä ja toimiva joukkoliikenne. Kaikki eivät tarvitse omaa autoa,

koska metro, bussit, paikallisjunat ja ratikat kuljettavat edullisesti kaikkialle. Minusta on hyvä, että ihmiset käyttävät niin paljon joukkoliikennettä. Se ei saastuta niin paljon kuin jos käyttää omaa autoa. Helsinki sijaitsee meren rannalla, joten täällä on melko puhdas ilma, mutta minun mielestäni puhdasta ilmaa ja luontoa ei ole koskaan liian paljon.

5 Joskus minua ärsyttää, kun ihmiset tuhlaavat ja kuluttavat niin paljon. Tavallinen ihminenkin voi ajatella luontoa ja tehdä paljon. Meidän perheemme kierrättää jonkin verran, sillä käymme usein kirpputorilla. Myymme siellä joskus lastenvaatteita, jotka ovat jo liian pieniä Riinalle. Ostamme kirpputorilta erityisesti lasten urheiluvälineitä, koska ne ovat uusina melko kalliita. Kotona kierrätämme siten, että meillä on kak-
10 si roskista: toiseen laitamme biojätteet, kuten hedelmien kuoret ja ruoantähteet, ja toiseen muut roskat. Lisäksi oman talomme lähellä on sekä lasin- että metallinkeräyspiste. Sinne viemme esimerkiksi lasipurkit ja säilyketölkit. Tiedän, että myös maito- ja mehupurkeille on oma keräyspisteensä, mutta se on kaukana, emmekä aina jaksa viedä sinne tyhjiä purkkeja. Minusta on hyvä, että ihmiset yrittävät säästää luontoa.

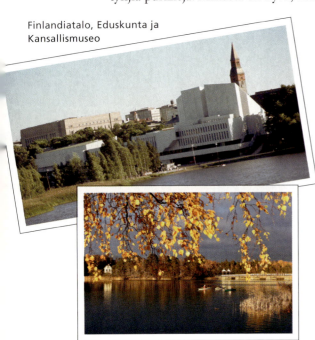

Finlandiatalo, Eduskunta ja Kansallismuseo

Syksyinen Seurasaari

2 **Lue teksti (s. 115–116) ja alleviivaa oikea vaihtoehto.**

1. Kirsti asuu
   a) lähellä keskustaa
   b) Itä-Helsingissä
   c) lähellä Itä-Helsinkiä.

2. Kirstin mielestä parasta on se, että lähiössä on
   a) päiväkoti
   b) peruskoulu
   c) uimaranta.

3. Kirsti pitää työstään, koska
   a) siinä voi tavata ihmisiä
   b) palkka on hyvä
   c) hänelle jää aikaa lenkkeillä.

4. Kirstiä ärsyttää se, että
   a) ihmiset ajavat autolla liian kovaa
   b) ihmiset eivät maksa ratikkalippuaan
   c) ihmiset ostavat liian paljon tavaroita ja heittävät ne sitten pois.

5. Kirstillä on kotona kaksi roskista:
   a) yksi lasipurkeille ja yksi muille roskille
   b) yksi biojätteille ja yksi muille jätteille
   c) yksi maitopurkeille ja yksi muille jätteille.

Kauppatori ja Tuomiokirkko

Mielipide

Suomessa kysytään usein, mitä toinen ajattelee jostakin asiasta. Oma mielipide on hyvä myös perustella ja kertoa, miksi ajattelee niin. Kun kertoo oman mielipiteensä, voi käyttää esimerkiksi seuraavia fraaseja:

Mikä on sinun mielipiteesi tästä?
Miltä sinusta tuntuu ...?
Mitä sinä ajattelet tästä?

> Miksi sinun mielestäsi Suomessa on mukava asua?
> – Koska täällä on rauhallista.

- Minusta/Musta ...
- Minun mielestäni/Mun mielestä ...
- Minusta/Musta tuntuu, että ...
- Ajattelen, että ...
- Luulen, että ...
- En tiedä.
- En osaa sanoa.
- Olen samaa mieltä kuin sinä.
- Olen eri mieltä kuin sinä.

Esimerkkejä

Minusta tuo väri sopii sinulle hienosti.
Minun mielestäni täällä on liian kylmä.
Minusta tuntuu, että sinä ymmärrät tämän hyvin.
Ajattelen, että tuo elokuva on liian jännittävä lapsille.
Luulen, että sinä et tarvitse autoa, koska pääset sinne hyvin metrolla.

HUOMAA!

Kun joku näyttää jotakin tavaraa, hän voi kysyä mielipidettäsi siitä ja sanoa:

Se on hieno/ upea/ hyvä/ kaunis.

Mitä pidät uudesta autostani?

3 **Sanastoharjoitus. Täydennä esimerkki oikealla sanalla oikeassa muodossa.**

polku	maisema	saari	kallio	ranta	maasto	rinne	tunturi

1. Saunasta on vain kymmenen metriä järven _____.

2. Martin olohuoneen ikkunasta on kaunis meri _____.

3. Tiheä metsä on vaikea _____ kävellä.

4. Tuossa _____ on hyvä laskea mäkeä.

5. Suomen korkein _____ on Halti. Se on 1328 metriä korkea.

6. Kuuba on iso _____.

7. Tämä _____ menee metsän läpi joelle.

8. Käärme makaa auringossa _____

4 **Kysy, mitä naapurisi ajattelee. Keksi itse 5 kysymystä lisää!**
- kotikaupungistaan
- Suomen säästä
- talvesta
- presidentistä.

5 Kuuntele ja kirjoita, mitä mieltä he ovat näistä asioista.

	Suomen luonto	oma auto	kierrätys
1 Jari Niemi			
2 Mia Åberg			
3 Saku Virolainen			
4 Kerttu Sinisalo			

6 Vastaa väittämiin ja keskustele sen jälkeen naapurin kanssa näistä väittämistä ja siitä, miksi ajattelette näin.

Olen samaa mieltä. Olen eri mieltä.

1. On hyvä, että bensa on niin kallista.

2. Suomessa on liian vähän puhdasta luontoa.

3. Suomessa on liian vähän ihmisiä.

4. Matkustaminen on kallista.

5. Ihmisillä on aina kiire.

6. Bussinkuljettajat ajavat liian kovaa.

7. Kierrätys vie liian paljon aikaa.

8. Suomessa on likaista.

9. Kirpputori on hyvä ja halpa idea.

10. Omassa lähiympäristössäni on kaikki, mitä tarvitsen.

 Kirjoita paikallislehteen mielipidekirjoitus.

Valitse yksi seuraavista aiheista ja kirjoita siitä 50–100 sanaa. Kerro kirjoituksessasi, mitä ajattelet näistä asioista ja miksi:

a) kotimaasi tai Suomen luonnosta

b) kotimaasi ruoasta tai suomalaisesta ruoasta

c) kotimaasi tai Suomen vuodenajoista

d) kotimaasi tai suomalaisesta liikennekulttuurista

e) luonnon saastumisesta.

15

Joo, nähdään vaan.
Me voimme käydä kahvilla ja sitten elokuvissa.

Nähdäänkö lauantaina kolmelta?

Selvä. Sovittu.

Kappaleessa opitaan

- miten ehdottaa jotakin tai sopia asioita
- miten kutsua joku kylään
- mistä voi keskustella puolitutun tai vieraan ihmisen kanssa
- adverbin pääte -sti

Sakari tapaa vanhan työkaverin

Sakari Laine tapaa Erkin eräänä torstaina kadulla. He olivat ennen samassa työpaikassa, mutta nyt Erkillä on uusi työpaikka.

– Hei Erkki! Mitä kuuluu?
– Sakari, terve! Hyvää. Entä sinulle? Miten sinä viihdyt uudessa
5 työssä?
– Hyvin, kiitos kysymästä. Työ on mielenkiintoista, mutta kyllä välillä on ikävä vanhoja työkavereita. Mitä sinne teille kuuluu?
– Sitä samaa niin kuin tiedät. Kiire on kova. Päivät kuluvat nopeasti.
10 – Niinhän se on joka paikassa. Hei, miten on, tuletteko lauantaina Helenan kanssa meille kylään?

– Kiitos kutsusta, mutta ensi lauantaina me menemme Ylöjärvelle. Helenan vanhemmat asuvat siellä.
– No, entä seuraava lauantai?
– Se kyllä sopii. Helenalla ei ole sinä viikonloppuna työtä.
5 – Selvä. Se on sovittu sitten. Vaikka seitsemän maissa illalla.
– Hyvä. Me tulemme. Nähdään silloin!
– Joo, nähdään! Moi, moi ja Helenalle terveisiä!
– Kiitos, samoin Katrille. Hei!

Erkki ja Helena käyvät kylässä

Reilun viikon kuluttua lauantaina Erkki ja Helena ovat kylässä Laineilla.
10 He ojentavat pullon viiniä ja kukkia Sakarin vaimolle Katrille.

Helena:	Tässä vähän tuomisia, ole hyvä.
Katri:	Kiitos. Mitäs te nyt. Ei olisi mitään tarvinnut tuoda. Ihana nähdä pitkästä aikaa!
15 Helena:	Sanopa muuta. Teillä on uusi sohva. Tosi kaunis väri!
Katri:	Se vanha sohva oli tosi kulunut. Sinä olet ensimmäinen vieras tällä sohvalla. Se tuli toissapäivänä.
20 Helena:	Aijaa. Tässähän on hyvä istua!
Katri:	Niin, eikö olekin. Sakarin mielestä se oli kallis, mutta se on hyvää laatua – ja kotimainen!

Sakari Laine on innokas ruoanlaittaja. Hän tar-
25 joilee aluksi sienikeittoa ja sen jälkeen lohta. Jälkiruokana on herkullista omenapiirakkaa. Ilta kuluu mukavasti. Ruoka on hyvää, ja kaikki viihtyvät.

Erkki:	Milloin sinulla on kesäloma?
Sakari:	Heinäkuussa. Katrin loma alkaa jo kesäkuussa, mutta meillä on kolme viikkoa yhteistä lomaa. Entä sinulla? Onko teillä lomasuunnitelmia?
30 Erkki:	Meillä alkaa loma heinäkuun puolivälissä. Me olemme mökillä melkein koko loman. Ehkä elokuussa käymme Ruotsissa. Helenan sisko asuu siellä. Entä te?
Sakari:	Me menemme Lontooseen ja olemme siellä viikon. Loppuaika menee sitten mökillä.

Erkki:	Niin, toivottavasti tulee hyvä kesä. Jos sataa kovasti, niin mökillä on aika ankeaa.
Sakari:	Näin se on. Meillä ei ole sähköä mökillä. Sisällä ei voi oikein edes lukea.
5 Erkki:	Meillä on kyllä sähkö ja televisio, mutta silti. Ei huonolla säällä voi nauttia mökkielämästä samoin kuin auringonpaisteella.
Sakari:	Niinpä niin. Saa nähdä, milloin se kesä tulee. Tänä talvena lunta tulee joka viikko. Aamuisin saa viisitoista minuuttia putsata autoa ennen kuin voi lähteä liikkeelle.
Erkki:	Sinä sen sanot! Autotalli olisi kyllä tosi helpotus!

15 Miehet jatkavat juttua autoista ja naiset keskustelevat urheiluharrastuksistaan. Aika kuluu nopeasti. Kahdeltatoista Erkki ja Helena ovat lähdössä.

Helena:	Kiitos mukavasta illasta – ja Sakari, se lohi oli ihanaa!
20 Sakari:	Ei mitään. Kiitos teille. Mukavaa, että olitte kylässä. Ja nähdään vähän useammin!
Erkki:	Kyllä. Mennään tässä jokin viikonloppu meidän mökille. Heti kun tulee ensimmäinen lämmin ja keväinen viikonloppu.
Katri:	Se on hyvä idea.
25 Helena:	Kiitos vielä kerran ja hyvää yötä!
Katri:	Hyvää yötä! Lapsille terveisiä.

1 **Lisää puuttuvat sanat. Tekstistä (s. 119–120) saat apua.**

Taru: Hei Ulla! _____ ?

Ulla: Kiitos hyvää. Entä sinulle?

Taru: Hyvää. Työssä vain on _____.

Ulla: Sopiiko sinulle, että mennään ylihuomenna elokuviin?

Taru: _____.

Ulla: Hyvä. Nähdään kello puoli seitsemän Studio Fennian aulassa.

Taru: _____. Nähdään silloin!

Ulla: Moi!

2 Lue teksti (s. 120) ja vastaa kysymyksiin.

1. Mitä tuomisia Erkillä ja Helenalla on?

2. Mitä Helena ihastelee?

3. Miksi Erkki ja Helena käyvät Ruotsissa kesälomalla?

4. Miksi Sakarin ja Katrin mökillä on vaikea lukea sisällä?

5. Milloin vieraat lähtevät?

3 Kirjoita vihkoon lauseita seuraavista sanoista, jotka esiintyvät tekstissä (s. 120).

tapaaminen	jatkaa	vaihtaa	kiire
kulunut	herkullinen	suunnitelma	viihtyä

Ehdottaminen ja sopiminen

Sopiiko viideltä?

Sopiiko sinulle, että nähdään lauantaina kolmelta kahvila Puustissa?

Nähdäänkö tiistaina?

Mitäs, jos menemme/mennään huomenna elokuviin?

Huvittaisiko sinua lähteä elokuviin?

Tuletko kahville illalla?

Käykö sinulle tiistaina kahdelta?

– Kyllä se sopii.

– Kyllä se käy.

– Joo, miksei.

– Mikä ettei. Sehän on hyvä idea. / Sehän olisi kiva.

– Mennään vaan.

– Nähdään vaan.

– Sovittu.

– Selvä.

– Kiitos kutsusta. Minä tulen mielelläni.

– Valitettavasti minulla on muuta menoa tiistaina.

– Tiistai ei käy, mutta miten olisi keskiviikkona?

– Se ei sovi, koska minulla on töitä silloin.

– Se ei ikävä kyllä käy, mutta...

– Tämä viikko on vähän huono, mutta joskus toiste.

Keskustelun aloitus: aiheita

– Onpa tänään kylmä / lämmin / tuulista / pimeää.

– Onpa täällä tungosta / ruuhkaa / pitkä jono / hidas palvelu ...

– Onko se bussi taas myöhässä?

– Tiedätkö, missä ...?

– Osaatko sanoa, missä ...?

– Sinulla on kaunis pusero / uudet silmälasit / kiva tukka.

– Mitä sinä aiot tehdä viikonloppuna?

– Milloin sinulla on kesäloma/talviloma?

Mitkä näistä sopivat tutulle ihmiselle ja mitkä oudolle ihmiselle?

4 Et pääse Kallen syntymäpäiville. Kirjoita dialogi, mitä puhutte, kun soitat Kallelle ja ilmoitat asiasta.

> ## Kutsu
> Tervetuloa Kallen 30-vuotisjuhliin lauantaina 3. maaliskuuta kello 18 alkaen.
>
> Osoite: Lehtokuja 3 C 13
> Bussit: 49 ja 49B (Keskuspuiston pysäkki)
>
> Vastauspyyntö: 28.2. mennessä
> kalle30@suomi.fi

5 Kuuntele keskustelu.
Merkitse, onko väite oikein vai väärin?

	Oikein	Väärin
1. Nyt on ilta.	☐	☐
2. Riitta on väsynyt.	☐	☐
3. Elokuva oli kiinnostava.	☐	☐
4. Lapsi oli sairas.	☐	☐
5. Riitan työkaveri opiskelee illalla.	☐	☐
6. Työkaverin yö oli myös lyhyt.	☐	☐
7. Naiset tapaavat kahvihuoneessa.	☐	☐

6 Esitä parin kanssa keskustelu seuraavissa tilanteissa:

- Bussissa puhut vanhan naisen kanssa.
- Tapaat naapurin hississä.
- Näette vanhan ystävän kanssa kadulla.
- Soitat ystävälle ja kutsut hänet syömään.

TOISTUVAN AJAN ILMAISEMINEN

Jos jokin asia tapahtuu **aina samaan aikaan säännöllisin väliajoin**, sitä ilmaistaan päätteillä **-isin** tai **-ittain**.

joka maanantai	maanant**aisin**	Lempitelevisiosarjani tulee **maanantaisin**.
joka aamu	aamu**isin**	Syön **aamuisin** aina puuroa.
joka viikonloppu	viikonloppu**isin**	**Viikonloppuisin** ulkoilen paljon.
joka päivä	päiv**ittäin**	Hampaat on hyvä pestä **päivittäin**.
joka viikko	viiko**ittain**	Soitan äidilleni **viikoittain**.
joka kuukausi	kuukaus**ittain**	Vuokra täytyy maksaa **kuukausittain**.
joka vuosi	vuos**ittain**	Käyn **vuosittain** Tukholmassa.

ADVERBI

Jos adjektiivi liittyy verbiin, sen vartaloon lisätään yleensä pääte **-sti**, ja silloin siitä tulee **adverbi**. Adverbi vastaa kysymykseen **miten, kuinka** tai **millä tavalla** joku tekee jotakin.

nopea	⟶	nopea-	+ -sti	Matti kävelee **nopeasti**.
ahkera	⟶	ahkera-	+ -sti	Minä opiskelen **ahkerasti**.
iloinen	⟶	iloise-	+ -sti	Hän hymyilee **iloisesti**.
kaunis	⟶	kaunii-	+ -sti	Hän kattaa pöydän **kauniisti**.
hidas	⟶	hitaa-	+ -sti	Voitko puhua **hitaasti**?

Joillakin adjektiiveilla on **erilainen adverbimuoto**.

hyvä	⟶	**hyvin**
oikea	⟶	**oikein**
väärä	⟶	**väärin**

HUOMAA!

Auto ajaa **lujaa**.
Kaisa ajaa **hiljaa**, koska on huono keli.
Tero puhuu **kovaa**, koska hänen äitinsä kuulee huonosti.
Maija puhuu niin **hiljaa**, että on vaikeaa kuulla, mitä hän sanoo.

HUOMAA adjektiivin ja adverbin ero.

Millainen Liisa on? – Hän on **kaunis**.
Miten Liisa laulaa? – Hän laulaa **kauniisti**.

---

 7 Täydennä lauseet vastakohdalla.

1. Kaija ei vastaa koskaan väärin. Hän vastaa aina _____.

2. Minä puhun nopeasti, mutta minun mieheni puhuu yleensä

   _____.

3. Minä osaan piirtää hyvin, mutta minä laulan tosi _____.

4. Eilinen elokuva loppui onnellisesti. Minä en pidä elokuvista, jotka loppuvat

   _____.

5. Hän puhui ensin epäselvästi, mutta toisella kertaa onneksi tosi

   _____.

6. Minun talossani on kaksi koiraa. Toinen tervehtii minua iloisesti ja toinen

   haukkuu aina _____.

 Suunnittele mukava illanvietto ystävien kanssa.

Haluaisitteko verkko-pankkitunnukset?

Sehän on kätevä tapa maksaa laskuja.

Kappaleessa opitaan

- kysymään ja tiedustelemaan
- pyytämään kohteliaasti
- pankkisanastoa

Pankissa

Asiakas: Päivää. Haluaisin avata pankkitilin.

Virkailija: Hyvää päivää. Millaisen tilin haluaisitte avata? Tavallisen käyttötilinkö?

Asiakas: Niin kai. Asun tässä lähellä ja haluaisin, että myös pankkiasiani ovat lähellä.

Virkailija: Aivan. Se on kätevää, vaikka nykyään ei tarvitse usein asioida pankin konttorissa, koska laskut voi maksaa automaatilla tai internetin kautta. Tästähän tulee varmaan myös teidän palkkatilinne, eikö totta?

Asiakas: Juu. Onko mahdollista saada myös pankkikortti? Tiliote tulee varmaan kotiin kerran kuussa?

Virkailija: Totta kai. Haluaisitteko yhdistää pankkikorttiinne myös luottokortin? Tässä kuussa asiakkaamme voivat ottaa ilmaiseksi World Card -luottokortin. Sillä voi maksaa koko maailmassa, ja lasku tulee seuraavassa kuussa.

5 Asiakas: Vai niin. No, kyllähän minä sitä luottokorttia tarvitsen. Tiedän, että World Card on hyvä ja luotettava, joten sen voi liittää korttiini.

Virkailija: Selvä. Voitteko odottaa hetken, niin haen kaikki tarvittavat paperit. Tässä on esite pankkitilin palveluista, niin voitte tutustua siihen.

Asiakas: Aha, kiitos.

Bussipysäkillä

10 Sami: Huh, onpa tänään kylmä! Onkohan bussi taas myöhässä, kun sitä ei vieläkään tule.

Erkki: Niin, ehkäpä aamuruuhka sekoittaa liikennettä. Onko sinulla muuten kelloa? Oma unohtui kotiin ja minusta tuntui, että se on jo aika paljon.

Sami: Katsotaanpa. Se on 8.22. Ja tuolta bussi jo tuleekin.

15 Erkki: Kiitos. Taidanpa sittenkin ehtiä ajoissa työhön.

Illalla kotona

Äiti: Essi! Tuopa minulle keittiöstä sakset!

Essi: Tässä. Äiti, saisinko mennä vielä vähäksi aikaa ulos? Mira ja Janitakin ovat siellä.

Äiti: Jos läksyt on kunnossa, niin saat mennä, mutta tule kotiin puolen tunnin
20 päästä.

Essi: Joo, meillä ei ollut läksyä kuin enkusta. Heippa vaan!

Kuka hakee lapset?

Ari: No hei kulta! Kuule, voisitko hakea tänään lapset päiväkodista? Minun täytyy saada raportti valmiiksi vielä tänään enkä millään ehtisi hakea lapsia.

Suvi: Taasko? Minun pitää valmistella huomista neuvottelua. Etkö todellakaan ehdi?

5 Ari: En millään. Voisithan sinä valmistella kokousta illalla kotona.

Suvi: Niin no, kaipa täytyy tehdä niin. Okei, haen lapset.

Ari: Kiitos, kulta. Minä voin kyllä hakea heidät koko loppuviikon. Nähdään sitten illalla.

Suvi: Joo, nähdään. Mutta voisitko käydä kaupassa ja ostaa leipää ja jogurttia
10 aamuksi? Luulen, että muuten meillä on kaikkea.

Ari: Selvä, käyn kaupassa. Hei hei!

Suvi: Hei!

Matkatoimistossa

Asiakas: Päivää. Olisiko mahdollista saada lippuja vielä kello 18 Tukholman laivaan?

15 Virkailija: Katsotaanpa. Ikävä kyllä siihen ei ole enää yhtään lippua jäljellä. Voitte kysyä huomenna satamasta lippuja 2 tuntia ennen laivan lähtöä.

Asiakas: Kiitos. Näkemiin.

Virkailija: Näkemiin.

Teitittely

Suomessa sanotaan joskus **Te** yhdelle ihmiselle. Se osoittaa silloin **kohteliaisuutta** ja **kunnioitusta**. Tavallisesti sanotaan **Te** vanhalle tai arvokkaalle ihmiselle. Teitittelyä kuulee myös **asiakaspalvelussa**. Muulloin käytetään yleisesti **sinä**-muotoa.

Rouva Mäkinen, miten **voitte**?
Presidentti Halonen, mitä mieltä **Te olette** tästä asiasta?

Haluaisin kysyä jotakin

Suomessa voi **kysyä**, **pyytää** tai **tiedustella** jotakin asiaa **kohteliaasti** esimerkiksi seuraavalla tavalla:

Haluaisin kysyä jotakin. Onko sinulla aikaa?
Haluaisin lasin tuoremehua ja juustosämpylän.
Haluaisitteko Te kahvia?
Voisinko saada kaksi lippua?
Voisitko tulla tänne?
Saisinko ison pullon limsaa?
Olisiko mahdollista varata liput huomiseksi?
Onko mahdollista maksaa luottokortilla?

Lisäksi päätteillä **-han/-hän** ja **-pa/-pä** voidaan **kehottaa kohteliaasti**. Silloin ne liitetään verbiin ja verbi on tavallisesti ensimmäinen sana lauseessa.

Avaa**pa**/Avaa**han** ikkuna! Täällä on niin kuuma.
Lapset, tulkaa**pa**/tulkaa**han** jo sisälle!
Katso**pa**/Katso**han**, tämä täytyy tehdä näin.

Nämä päätteet voivat ilmaista myös mm. **epävarmuutta, ihmettelyä, muistuttamista, eri mieltä olemista** ja **yllätystä**.

Onko**han** tämä oikea talo?
Tänään**hän** meidän täytyy muistaa maksaa vuokra.
Minä**hän** en sinne lähde! Haluan olla kotona.
Sinä et sitten tullutkaan. – Tulin**pa**, mutta olit itse jo lähtenyt pois!
Tämä**hän** on hauska kirja!
On**pa** kaunis ilma tänään!

---

 1 Täydennä lauseet.

1. Anteeksi, _____ kysyä jotakin?

2. _____ saada lääkäriaika ylihuomiseksi?

3. _____ lainata minulle puhelinta?

4. _____ jo ulos!

5. _____ 200 grammaa tuota juustoa?

6. _____ 2 kanahampurilaista ja 2 Fantaa.

7. _____ saada katsoa tuota paperia?

8. _____ maksaa pankkikortilla?

9. _____ viedä roskat ulos?

10. _____ minulle jääkaapista tuoremehua?

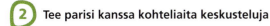

Tee parisi kanssa kohteliaita keskusteluja

a) postissa

b) kaupassa

c) kioskilla

d) vaatekaupassa

e) elokuvateatterissa

f) ravintolassa.

Valitse oikea vaihtoehto.

1. Jos haluat säilyttää rahaa pankissa, sinulla täytyy olla
   a)   kukkaro
   b)   tili
   c)   luottokortti.

2. Jos haluat maksaa laskuja pankkiautomaatilla, sinulla täytyy olla
   a)   automaattikortti ja tunnusluku
   b)   henkilökortti ja osoite
   c)   kirjastokortti ja henkilötunnus.

3. Jos sinulla ei ole käteistä rahaa, voit maksaa ostokset kaupassa
   a)   henkilökortilla
   b)   automaattikortilla
   c)   pankkikortilla.

4. Jos sinulla ei ole rahaa ostaa uutta autoa, sinun täytyy ottaa pankista
   a)   automaattikortti
   b)   laina
   c)   autovakuutus.

5. Jos olet pankin asiakas, sinulle tulee kotiin esimerkiksi kerran kuussa
   a)   tiliote
   b)   pankkivirkailija
   c)   postikortti.

Kappaleessa opitaan

- leipomissanastoa
- onnettomuus-
  sanastoa
- imperatiivi
- antamaan käskyjä,
  ohjeita, neuvoja ja
  varoituksia sekä
  kieltämään ja
  pyytämään

Leipomispäivä

Katri Laineella on tänään vapaapäivä. Koulussa on syyslomaviikko, joten myös hänen poikansa Janne on kotona.

– Hei, äiti. Minun tekee mieli pullaa tai jotakin muuta hyvää. Onko meillä pakastimessa mitään?

5 – Ei taida olla, mutta minä voin oikeastaan leipoa tänään, jos sinä vähän autat minua.

– Joo, sopii.

Katri tarkistaa kaapista, onko heillä kaikkia pullataikinan ainek-sia. Kananmunat ovat loppu, joten Janne käväisee nopeasti lähikau-
10 passa ja hakee lisäksi pari litraa maitoa.

Hänen mielestään mikään ei ole niin hyvää kuin tuore pulla ja lasi kylmää maitoa.

– Ota Janne kaapista iso muovinen kulho. Mittaa kulhoon sit-ten viisi desilitraa maitoa ja lämmitä sitä mikrossa pari minuuttia.
15 Älä lämmitä maitoa liikaa, ettei se sitten polta hiivaa.

Katri mittaa toiseen astiaan vehnäjauhot. Hän pehmittää myös margariinin mikrossa.

– Liuota sitten hiiva maitoon. Lisää teelusikallinen suolaa ja kaksi desiä sokeria sekä yksi ruokalusikallinen kardemummaa. Sekoita ja riko joukkoon yksi kananmuna.

5 Kun Janne on valmis, Katri kaataa kulhoon vähän vehnäjauhoja ja sekoittaa ne puuhaarukalla taikinaan. Sitten hän käärii hihan ylös, jotta voi alkaa käsin vaivata taikinaa.

– No, niin. Kaada tänne vehnäjauhoja, mutta älä laita heti kaikkia. Minä vaivaan välillä taikinaa.

10 Katri vaivaa taikinaa huolellisesti, ja Janne lisää vehnäjauhoja vähän väliä. Lopuksi Janne lisää pehmeän margariinin, ja Katri alustaa myös sen taikinaan. Hän peittää kulhon liinalla.

Puolen tunnin kuluttua taikina on kohonnut, ja Katri ja Janne voivat aloittaa leipomisen.

15 Katri antaa Jannelle ohjeita.

– Katso näin. Ota pieni pala taikinaa ja pyöritä sitä käden ja pöydän välissä.

– Tämä on vaikeaa. Tämä on ihan ruma ja soikea. Miten sinun pullat ovat kaikki kauniita ja pyöreitä?

– Älä välitä. Harjoittelu tekee mestarin, vastaa Katri ja nauraa.

20 Kun kaikki pullat ovat valmiina, Katri nostaa ne uunipellille ja peittää taas liinalla. Pullat kohoavat nopeasti ja ovat puolen tunnin kuluttua valmiita uuniin. Katri voitelee pullat kananmunalla ja laittaa pellin uuniin. Uunissa on lämpöä 225 astetta.

– Katso kellosta aikaa, Janne. Näitä täytyy paistaa reilut kymmenen minuuttia. Tällaiset pikkupullat palavat nopeasti, jos ne unohtaa uuniin liian pitkäksi aikaa.

25 – Selvä. Minä vahdin kelloa.

Pian kotona leijuu ihana tuoreen pullan tuoksu. Janne odottaa jo maitolasi edessään ruokapöydän ääressä.

RESEPTI
Pulla
5 dl	maitoa
50 g	hiivaa
1	muna
2 dl	sokeria
1 tl	suolaa
1 rkl	kardemummaa
1 kg	vehnäjauhoja
150 g	margariinia tai voita

Voiteluun: munaa

IMPERATIIVI

Imperatiivimuoto voi olla käsky, ohje, neuvo, varoitus, kielto tai pyyntö.

Mene ulos!
Laita pankkikorttisi magneettinauha alaspäin!
Katso tästä oppaasta apua!
Varo, tämä katu on liukas!
Älä ota sitä! Se on minun!
Lainaa hetkeksi sanakirjaa.

Imperatiivista käytetään nykyisin yksikön ja monikon 2. persoonan muotoja.

	perusmuoto	vartalo	sinä-muoto	te-muoto
1	soittaa	soita-	**soita** **älä** soita	soitta**kaa** **älkää** soitta**ko**
2	syödä	syö-	**syö** **älä** syö	syö**kää** **älkää** syö**kö**
3	kävellä	kävele-	**kävele** **älä** kävele	kävel**kää** **älkää** kävel**kö**
4	hypätä	hyppää-	**hyppää** **älä** hyppää	hypät**kää** **älkää** hypät**kö**
5	valita	valitse-	**valitse** **älä** valitse	valit**kaa** **älkää** valit**ko**
6	paeta	pakene-	**pakene** **älä** pakene	paet**kaa** **älkää** paet**ko**

Yksikkö
HUOMAA, että yksikön 2. persoonassa (**sinä**) imperatiivi on sama kuin vartalo. Kun siis otat loppu-**t**:n pois preesensin **sinä**-muodosta, saat imperatiivin.

(sinä) **kirjoita**/t ➤ **Kirjoita!**
(sinä) **tule**/t ➤ **Tule!**

Negatiivinen imperatiivi yksikössä saadaan, kun eteen lisätään kieltosana **älä**.

Älä kirjoita!
Älä tule!

Yksikön 2. persoonan imperatiivissa on heikko aste 1. tyypin verbeissä (soi**t**a, lue, nu**k**u), mutta vahva aste 3., 4. ja 6. tyypin verbeissä (aja**tt**ele, hy**pp**ää, ha**kk**aa, pa**k**ene).

Monikko

Verbityypissä 1 ja 2 saat monikon 2. persoonan **(te)** imperatiivin, kun otat preesensin monikon 3. persoonan muodosta **-vat**-päätteen pois ja lisäät loppuun **-kaa/-kää**.

(he) **nukku**/vat ➤ **Nukkukaa!**
(he) **luke**/vat ➤ **Lukekaa!**

HUOMAA! Verbityypeissä 3, 4, 5 ja 6 käytetään konsonanttiloppuista vartaloa.

tulkaa, menkää, herätkää, siivotkaa, punnitkaa, paetkaa

Monikossa 1. tyypin verbit ovat vahvassa asteessa (ottakaa, antakaa), mutta 3., 4. ja 6. tyypin verbit heikossa asteessa (ajatelkaa, hypätkää, paetkaa).

Negatiivinen muoto saadaan, kun verbin loppuun vaihdetaan pääte **-ko/-kö** ja sen eteen lisätään kieltosana **älkää**.

Älkää nukku**ko**!
Älkää tul**ko**!

---

2 **Katso lauseita ja mieti, missä niitä voi nähdä tai kuulla.**

1. Muista leimata lippu!
2. Odota tässä!
3. Anna tunnusluku!
4. Jätä viesti äänimerkin jälkeen!
5. Soita ja tilaa jo tänään!

6. Hätätilanteessa riko lasi!
7. Älä koske esineisiin!
8. Älä nojaa oveen!
9. Älä seiso peilin edessä!
10. Työnnä!

3 **Mitä voit sanoa seuraavissa tilanteissa?**

a) Ikkuna on auki ja sinulla on kylmä. Ystäväsi istuu ikkunan lähellä.

b) Ystäväsi on sinun luonasi. Kahvipöydässä kaikki on valmista.

   Ystäväsi istuu sohvalla ja odottaa, että kutsut hänet pöytään.

c) Ystäväsi ei ole kotona, kun soitat hänelle. Jätät viestin puhelinvastaajaan

   ja annat numerosi.

d) Naapurisi on menossa hissiin ja haluat ehtiä samaan hissiin.

e) Kurssikaverisi yskii paljon ja on hyvin sairas.

f) Kävelet ulkona ystäväsi kanssa. Taivaalla on kaunis sateenkaari.

g) Annat ystävällesi kukkia.

h) Ystäväsi aikoo kävellä kadun yli eikä huomaa autoa, joka tulee kovaa.

i) Vaimosi tai miehesi menee nukkumaan.

j) Puiston penkissä on uusi ja märkä maali. Ystäväsi aikoo istua penkille.

k) Ystäväsi on surullinen ja itkee vähän.

4 Äiti antaa ohjeita lapsille, jotka ovat illan yksin kotona.
Miten äiti sanoo heille, että:

1. lasten täytyy lämmittää ruoka mikrossa ja syödä

2. heidän pitää muistaa soittaa isoäidille

3. heidän täytyy tehdä kotitehtävät

4. heidän täytyy pestä hampaat

5. he eivät saa katsoa myöhään televisiota

6. he eivät saa leikkiä tulitikuilla

7. he eivät saa mennä ulos kello seitsemän jälkeen

8. heidän täytyy soittaa äidin matkapuhelimeen, jos tulee ongelmia

9. heidän täytyy olla kiltisti.

5 Kirjoita sana oikeaan esimerkkiin.

onnettomuus	hälyttää	pelastaa	tulipalo	kuristaa
kolari	loukkaantunut	hukkua	myrkytys	
vaarallinen	elossa	tukehtua	sammuttaa	

1. Kun kaksi autoa törmää toisiinsa, on kyseessä_____.

2. Jos ei osaa uida, voi _____.

3. Jos syttyy _____, täytyy _____ apua

   numerosta 112.

4. Palomies _____ ihmiset ulos autosta ja _____

   tulipalon.

5. Jos iso pala leipää menee kurkkuun, voi _____.

6. Kaksi pyöräilijää jäi auton alle. Se oli paha _____, mutta

   molemmat ovat _____, ja vain toinen on _____.

7. Tämä käärme on _____. Jos se puree ihmistä, siitä

   seuraa _____.

8. Toiset käärmeet eivät ole myrkyllisiä, mutta ne voivat _____

   ihmisen.

6 Kirjoita vihkoon ohje, mitä täytyy tehdä, jos huomaa tulipalon.

Tilanteita

- Apua, apua!
- Ota rauhallisesti! Mikä hätänä?

- En jaksa kantaa kaikkia kasseja.
- Anna minä autan.

- Ulkona on liukasta. Ole varovainen!

- Pidä hyvää huolta minun tyttärestäni!

- Minulla on tänään työpaikkahaastattelu.
- Ota rennosti!
  Hyvin se menee, usko pois!

- Onko Leevi kotona?
- On. Odota hetki! Leeeeviii! Tule tänne!
  Niko haluaa tavata sinut!

- Kamala ilma tänään.
- Sano muuta!

- Varaa sinä istumapaikat.
  Minä haen juotavaa.
- Ota minulle tuoremehua, kiitos.

 7 **Anna jokin pieni tehtävä vieruskaverillesi. Kun hän on tehnyt sen, hän antaa tehtävän taas seuraavalle jne. esimerkiksi: Vie kirja hyllyyn! Avaa ikkuna! tms.**

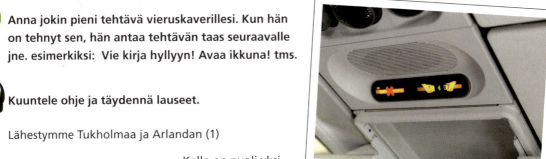

8 **Kuuntele ohje ja täydennä lauseet.**

Lähestymme Tukholmaa ja Arlandan (1)

_____. Kello on puoli yksi

(2) _____ aikaa. Sää

Tukholmassa on pilvinen ja (3) _____ on plus 11 astetta. Pyy-

dämme teitä (4) _____ nostamaan istuimenne selkänojan ylös. (5)

_____ myös edessänne oleva pöytä ylös ja kiinnittäkää turvavyöt.

(6)_____ käsimatkatavaranne edessä olevan istuimen alle.

(7) _____ rauhallisesti paikallanne, kunnes edessänne oleva turva-

vyömerkkivalo on sammunut. (8)_____ teille hyvää päivänjatkoa ja

tervetuloa (9) _____ !

 Kirjoita jokin ruokaresepti ja valmistusohje, esimerkiksi lempiruokasi tai oman maasi tyypillinen ruoka.

Hei, mistä te puhutte?

Kaikesta.

Urheilusta.

Terhi vastaa kysymyksiin

Kappaleessa opitaan

- kertomista
- verbien rektioita
- persoonapronominien sijamuotoja
- tekemään verbistä substantiivi -minen-päätteen avulla

Eräänä iltana Kukkoloilla soi ovikello. Terhi avaa oven.

Maarit:	Hyvää iltaa. Olen Maarit Vanhala Suomen Gallupista. Teemme tutkimusta ystävyyssuhteista. Onko teillä hieman aikaa vastata muutamaan kysymykseen?
5 Terhi:	No, jos se ei vie kauan. Tule sisään.
Maarit:	Kiitos. Aloitetaan sitten. Kun tapaat ystäviäsi, niin mistä te juttelette?
Terhi:	Me juttelemme yleensä työstä, perheestä ja harrastuksista. Joskus myös huolista.
10 Maarit:	Kuinka monta sellaista ystävää sinulla on, jolle voit kertoa ongelmistasi?
Terhi:	Minulla on kaksi, ei, oikeastaan kolme sellaista hyvää ystävää.
Maarit:	Kuinka usein kysyt neuvoa ystäviltäsi?
15 Terhi:	En osaa oikein vastata tuohon kysymykseen. Aika usein.

Maarit:	Kuinka usein soitat ystävillesi?
Terhi:	Pari kertaa viikossa.
Maarit:	Kuinka usein kirjoitat ystävillesi?
Terhi:	En kirjoita kovin usein. Kun olen työmatkalla, lähe-
5	tän usein jollekin ystävälle postikortin. Eräs ystäväni
	on työssä Malesiassa, ja lähetän hänelle kerran viikossa
	sähköpostia.
Maarit:	Tässä kysymykset olivatkin. Kiitos ja hyvää illan jatkoa!
Terhi:	Kiitos samoin.

Iloinen Matti

10 Tänään Matti on iloinen. Ensi talvena hän voi pelata jääkiekkoa kaupungin parhaassa joukkueessa, Pikku-Kissoissa. Kun Matti tulee koulusta kotiin, hänen täytyy heti soittaa äidilleen Terhille ja kertoa hänelle hyvästä uutisesta.

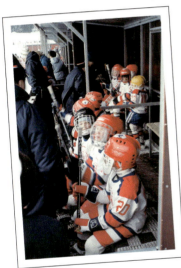

- – Äiti äiti, arvaa mitä!
- – No mitä? Kerro!
- – Minä voin pelata ensi talvena Pikku-Kissoissa. Eikö   15
  olekin hienoa?
- – Niin on. Vaikka kyllä se taitaa tietää lisää rahanmenoa.
  Eikös Pikku-Kissat ole tämän kaupungin paras juniori-
  kiekkojoukkue?
- – Joo, on se. Mutta minun täytyy vielä soittaa isälle ja   20
  ukille tästä asiasta. Tuo jotakin hyvää, kun tulet töistä.
- – Ehkäpä. Tulen kotiin viiden maissa. Hei sitten!
- – Hei hei!

VERBIEN REKTIOITA

Rektio tarkoittaa sitä, että esimerkiksi joidenkin verbien kanssa käytetään tiettyä sijamuotoa.

Pidän hänestä todella paljon, mutta rakastan sinua.
Soita minulle illalla!
Sano äidillesi terveisiä!
Minulla on asiaa Kari Virtaselle.

Tässä on joitakin suomen kielessä tavallisia verbien rektioita.
Monet näistä verbeistä välittävät tietoa, informoivat henkilöä jostakin asiasta.

ilmoittaa + kene**lle** + mi**stä** asia**sta** / kene**stä**	**Ilmoitatko** minu**lle** päätök**sestä** heti huomenna? Me **ilmoitamme** tei**lle** tulok**sesta**.
jutella + mi**stä** asia**sta** / kene**stä**	Mi**stä** te **juttelette**? Me **juttelemme** avioliito**sta**.
keskustella + mi**stä** asia**sta** / kene**stä**	Me **keskustelemme** työ**stä** ja vapaa-aja**sta**. Haluaisin vielä **keskustella** kanssasi tä**stä** suunnitelma**sta**.
kertoa + kene**lle** + mi**stä** asia**sta** / kene**stä**	**Kerro** minu**lle** jotakin sinun kotimaa**stasi**. Saanko **kertoa** tei**lle** uude**sta** tuotteestamme?
kirjoittaa + kene**lle** + mi**stä** asia**sta** / kene**stä**	**Kirjoita** minu**lle** kirje! Toimittajat **kirjoittavat** paljon uude**sta** presidenti**stä**.
kuulla + kene**ltä** + mi**stä** asia**sta** / kene**stä**	**Kuulen** nyt pomo**lta** tä**stä** asia**sta** ensimmäistä kertaa.
kysyä + kene**ltä** + mi**stä** asia**sta**	**Kysy** äidi**ltä**! Minä **kysyn** naapuri**lta** hänen uude**sta** auto**staan**.
olla asiaa + kene**lle**	Kene**lle** sinulla **on asiaa**? Minulla **on asiaa** hammaslääkäri**lle**.
olla vika + kene**ssä**/mi**ssä**	Televisio**ssa** **on** jokin **vika**. **Vika ei ole** aina minu**ssa**!
puhua + kene**lle** + mi**stä** asia**sta** / kene**stä**	Kansanedustaja **puhuu** yleisö**lle**. Minun täytyy **puhua** sinu**lle** tä**stä** ongelma**sta**.
sanoa + kene**lle** + mi**stä** asia**sta** / kene**stä**	**Sano** lapsi**lle**, että heidän täytyy tulla jo sisälle. Minä **sanon** Liisa**lle** myöhästymise**stä**.
soittaa + kene**lle** + mi**stä** asia**sta** / kene**stä**	Muista **soittaa** Anne**lle**! Pekka **soittaa** isä**lle** lomamatka**sta**.
vastata + kene**lle** + mi**hin**	**Vastaa** minu**lle**! Miksi **et vastaa** puhelime**en**?
HUOMAA myös seuraavat verbit: **ihastua** + kene**en**/mi**hin**	Hän **ihastuu** helposti mukava**an** ihmise**en**. Me **ihastumme** tä**hän** kaupunki**in** aina uudestaan ja uudestaan.
olla kiinnostunut + mi**stä** asia**sta** / kene**stä**	**Oletko kiinnostunut** urheilu**sta**? **Olen kiinnostunut** häne**stä**.
rakastua + kene**en**/mi**hin**	Tiedän, että **rakastun** tuo**hon** miehe**en**. Matti **rakastuu** aina uudestaan vaimo**onsa**.
tutustua + kene**en**	Huomenna me voimme **tutustua** uute**en** työkaveri**in**. **Tutustun** iltapäivällä taidemuseo**on**.

PRONOMINIEN SIJAMUOTOJA

kuka?	ketä?	kenen?
perusmuoto	partitiivi	genetiivi
minä	minua	minun
sinä	sinua	sinun
hän	häntä	hänen
se	sitä	sen
me	meitä	meidän
te	teitä	teidän
he	heitä	heidän
ne	niitä	niiden, niitten

kenessä?	kenellä?	kenestä?	keneltä?	keneen?	kenelle?
inessiivi	adessiivi	elatiivi	ablatiivi	illatiivi	allatiivi
minussa	minulla	minusta	minulta	minuun	minulle
sinussa	sinulla	sinusta	sinulta	sinuun	sinulle
hänessä	hänellä	hänestä	häneltä	häneen	hänelle
siinä	sillä	siitä	siltä	siihen	sille
meissä	meillä	meistä	meiltä	meihin	meille
teissä	teillä	teistä	teiltä	teihin	teille
heissä	heillä	heistä	heiltä	heihin	heille
niissä	niillä	niistä	niiltä	niihin	niille

1 Vastaa kysymyksiin.

1. Mistä sinä olet kiinnostunut? _____

2. Kenelle sinä puhut ongelmistasi? _____

3. Kenelle haluat kertoa salaisuuden? _____

4. Keneen haluaisit tutustua? _____

5. Keneltä sinä kysyt neuvoa? _____

6. Kenelle sinä soitat tänä iltana? _____

7. Mistä haluaisit keskustella tänään? _____

8. Kenelle sanot terveisiä? _____

9. Kenelle sinulla on asiaa? _____

10. Kenelle kirjoitat kirjeen? _____

-MINEN-PÄÄTE

Suomen kielessä verbeistä voi tehdä substantiivin -**minen**-päätteen avulla.

Pääte lisätään verbin monikon 3. persoonan vartaloon (vahva aste).

he luke/vat	+ **-minen**	luke**minen**
he lentä/vät	+ **-minen**	lentä**minen**
he syö/vät	+ **-minen**	syö**minen**
he juokse/vat	+ **-minen**	juokse**minen**
he pelaa/vat	+ **-minen**	pelaa**minen**
he pelkää/vät	+ **-minen**	pelkää**minen**
he valitse/vat	+ **-minen**	valitse**minen**
he vanhene/vat	+ **-minen**	vanhene**minen**

HUOMAA!

-**minen**-muoto taipuu normaalisti sijamuodoissa.

Tiina harrastaa purjehti**mista**.
He eivät pidä luistele**misesta**.

HUOMAA!

Kun **-minen**-muoto on ensimmäisenä lauseessa, jossa on myös **olla**-verbi, niin **adjektiivi** on **partitiivissa**.

Luke**minen** on hauska**a**.
Opiskele**minen** on ihana**a**.

Kun **-minen**-muodon edellä on verbiin liittyvä objekti, se on genetiivissä.

Televisio**n** katso**minen** on kivaa.
(Vrt. Katson televisio**ta**.)

Seuraavien verbien kanssa käytetään verbin **-minen** -muotoja.

aloittaa	**Aloitan** laihdutta**misen** huomenna.
lopettaa	Sinun täytyy **lopettaa** tupakan poltta**minen**.
rakastaa	Katri **rakastaa** laula**mista**.
harrastaa	Pia **harrastaa** juokse**mista**.
inhota	**Inhoan** tiskaa**mista**.
suunnitella	**Suunnitteletteko** te omakotitalon osta**mista**?
pitää	He **pitävät** puutarhan hoita**misesta**.
nauttia	Me **nautimme** sauno**misesta**.

2 Mikä auttaa? Vastaa kysymyksiin. Käytä -minen-muotoa.

1. Mikä auttaa väsymykseen? _____

2. Mikä auttaa janoon? _____

3. Mikä auttaa huonoon kuntoon? _____

4. Mikä hidastaa vauhtia? _____

5. Mikä pudottaa painoa? _____

6. Mikä helpottaa, kun on surullinen? _____

7. Mikä rentouttaa sinua? _____

3 **Kysy pariltasi,**

1. mitä hän harrastaa.

2. mistä hän pitää.

3. mitä hän inhoaa.

4. mitä hän rakastaa.

5. mitä hän vihaa.

6. minkä työn tekemistä hän suunnittelee.

7. mistä hän nauttii.

4 **Katso kuvia ja kirjoita, mistä nämä ihmiset puhuvat tai keskustelevat.**

1

2

3

4

 Valitse yllä olevista kuvista yksi ja kirjoita dialogi siitä, mitä ihmiset puhuvat.

Mitä talvella tehdään?

- Lasketaan mäkeä.
- Luistellaan.
- Hiihdetään.
- Palellaan.
- Lasketellaan.

Kappaleessa opitaan

- kertomaan ja kuvailemaan
- ehdottamaan
- passiivi

Sunnuntaina

Sunnuntaina Kukkoloilla nukutaan pitkään, koska on vapaapäivä. Aamupäivällä laitetaan aamiaista ja luetaan lehtiä. Usein Matti katsoo myös telkkaria tai videota. Sen jälkeen lähdetään ulos. Terhi menee usein lenkille ystävänsä Päivin kanssa, ja Matti on ulkona kavereidensa kanssa.

5   Kukkoloilla syödään sunnuntaina yleensä kello 14, mutta tänä sunnuntaina syödään vähän myöhemmin, koska Matin isä tulee hakemaan Mattia. Matin vanhemmat ovat eronneet. Normaalisti Matti on isänsä luona joka toinen viikonloppu ja usein koulun loma-aikoina. Ensi viikolla on urheiluloma, jonka Matti viettää isänsä kanssa.

10   Tänään aikaa ei tuhlata ruoanlaittoon, vaan Matin isä tuo tullessaan perhepitsan. Ruokapöydässä jutellaan viikon tapahtumista. Ruoan jälkeen isä sanoo:

    – Pakataanpa sitten laukkusi ja katsotaan, että kaikki tavarat tulevat varmasti mukaan. Viimeksi sinulla oli niin kylmä, koska villapaita unohtui kotiin. Ensi viikolla on loistava laskettelusää.

– Jep. Mutta sitten kyllä lähdetään elokuviin, koska näytös alkaa tunnin kuluttua, Matti sanoo.

1 Lue teksti ja merkitse, onko vastaus oikein vai väärin.

Oikein Väärin

1. Sunnuntaina Kukkoloilla ei nukuta pitkään.

2. Sunnuntaina Kukkoloilla ei syödä aamiaista.

3. Kukkoloilla katsotaan koko päivä telkkaria tai videota.

4. Matti menee lenkille.

5. Tänä sunnuntaina Kukkoloilla tehdään pitsaa.

Talvilomasuunnitelmia

5 Nyt alkaa urheiluloma, ja samaan aikaan Matin isällä on talviloma. Elokuvan jälkeen Matti ja hänen isänsä juttelevatkin autossa matkalla isän luo siitä, miten he viettävät seuraavan viikon.

– Lähdetäänkö heti huomenna mummolaan ja Tahko-
10 vuorelle? Mä haluan lomalla laskea lumilaudalla niin paljon kuin mahdollista.

– Jaa, me ei voida lähteä vielä huomenna, sillä tarvitsen uudet laskettelusukset. Nyt on monessa urheiluliikkeessä alennusmyynti. Sinähän tarvitset myös uudet luistimet, joten voidaan katsoa niitä
15 samalla. Jäädään vielä huomiseksi kaupunkiin, tehdään ostoksia ja syödään sen jälkeen Hesellä. Me ehditään olla rinteessä kyllä tarpeeksi ensi viikolla.

– Joo, ostetaan Ice Cat -luistimet! Ne on tarjouksessa PeteSportissa, ja sieltä löydät varmasti ne suksetkin, vaikka eihän kukaan enää suksilla laske.

– Höpöhöpö! Ajetaan sunnuntaina kaikessa rauhassa mummolaan ja pysähdytään
20 välillä ja lasketellaan Himoksella. Silloin me ollaan mummolassa sopivasti illalla, juuri ennen saunaa.

– Okei. Ja maanantaina voidaan ajella ukin moottorikelkalla. Tuleekohan ukki mukaan rinteeseen? Onkohan se polvi jo kunnossa, Matti kysyy.

– Soitapa ukille ja kysy! Kysy samalla, mitä tuliaisia me voidaan tuoda.
25 – Selvä.

PASSIIVI

Jos lauseessa ei ole tekijää, subjektia,
niin lauseessa käytetään usein passiivia.

Tekijällä ei ole merkitystä, vaan tärkeää on se,
mitä tehdään. Passiivilla kuvataan myös sitä,
mitä tehdään **tavallisesti** tai **yleisesti**.

Suomessa **vietetään** lomaa kesämökillä.
Sunnuntaina **syödään** lohta
kermakastikkeessa.
Tietokoneella **maksetaan** laskuja.
Kirjastossa **ei huudeta**.
Meillä **siivotaan** perjantaina.

Passiivin muodostaminen

Verbityyppi 1

luke/a	lue-	+ -taan	Kirjastossa **luetaan** lehtiä.
puhu/a	puhu-	+ -taan	Täällä **puhutaan** suomea.
kysy/ä	kysy-	+ -tään	Hannalta **kysytään** usein neuvoa.

Verbityypissä 1 passiivissa käytetään vartalon heikkoa muotoa.

HUOMAA!

1-tyypin verbit, joiden vartalon lopussa on -**a** tai -**ä** ⟶ -**e**-.

ant**a**/a	anne-	+ -taan	Meille **annetaan** tänään lahjoja.
maks**a**/a	makse-	+ -taan	Kassalla **maksetaan**.
ott**a**/a	ote-	+ -taan	**Otetaan** kahvia.
kirjoitt**a**/a	kirjoite-	+ -taan	**Kirjoitetaan** tästä lehteen.
tiet**ä**/ä	tiede-	+ -tään	Kyllä se **tiedetään**.
lent**ä**/ä	lenne-	+ -tään	Nyt **lennetään** Tukholmaan.

Verbityypit 2, 3, 4, 5 ja 6

juoda	+ -an	**Juodaanko** kahvia?
nähdä	+ -än	**Nähdään** huomenna!
tulla	+ -an	Nyt **tullaan** Tampereelle.
ajatella	+ -an	**Ajatellaan** asiaa.
pestä	+ -än	Huomenna **pestään** pyykkiä.
tavata	+ -an	**Tavataan** perjantaina!
herätä	+ -än	Maanantaina **herätään** aikaisin.
tarvita	+ -an	**Tarvitaanko** tätä vielä?
merkitä	+ -än	**Merkitään** oikea vastaus rastilla.
vanheta	+ -an	**Vanhetaan** yhdessä.

Passiivin kielteinen muoto

Kaikista passiivimuodoista tehdään kielteinen siten, että myönteisen passiivimuodon lopusta otetaan pois **-an/-än**. Kaikissa muodoissa kieltosana on **ei**.

sanota/an	**ei sanota**	**Ei sanota** tästä asiasta mitään.
lueta/an	**ei lueta**	**Ei lueta** sarjakuvia.
viedä/än	**ei viedä**	**Ei viedä** roskia ulos.
kuunnella/an	**ei kuunnella**	**Ei kuunnella** heitä.
juosta/an	**ei juosta**	**Ei juosta** näin kovaa.
siivota/an	**ei siivota**	Meillä **ei siivota** koskaan.
häiritä/än	**ei häiritä**	**Ei häiritä** nyt potilasta.
paeta/an	**ei paeta**	Vankilasta **ei paeta** helposti.

HUOMAA!

Passiivia käytetään puhekielessä **me**-pronominin kanssa.

Me mennään elokuviin.	=	Me menemme elokuviin.
Me ei olla illalla kotona.	=	Me emme ole illalla kotona.
Me halutaan muuttaa maalle.	=	Me haluamme muuttaa maalle.
Me **ei tarvita** nyt tietokonetta.	=	Me emme tarvitse nyt tietokonetta.

Passiivilla ehdotetaan myös
yhdessä tekemistä.

Lähdetään kahville!
Mennäänkö kuntosalille?
Muutetaan yhteen!
Tilataan pizzaa!

---

2 **Kuuntele haastattelut ja kirjoita, mitä näissä paikoissa tehdään.**

1. Kulleron päiväkodissa _____

_____

2. Rantalahden kylpylässä _____

_____

3. Luotolan kirjastossa _____

_____

Kirjoita, mitä tällä välineellä tehdään.

1. Kynällä _____

2. Avaimella _____

3. Tietokoneella _____

4. Hiustenkuivaajalla _____

5. Veitsellä _____

6. Kitaralla _____

7. Pensselillä _____

8. Hammasharjalla _____

9. Tennismailalla _____

10. Paistinpannulla _____

4 **Katso kuvia ja kerro, mitä niissä tehdään ja mitä ei tehdä.**

Malli: Kävellään, ei kuunnella musiikkia.

1

2

3

4

5

Täydennä lauseet oikealla sanalla ja puhekielen muodolla: Mitä me tehdään?

ihailla	jatkaa	lasketella	juoda	nauttia
syödä	haluta *(negatiivinen)*	nousta	levätä	

Matti soittaa illalla Jannelle ja kertoo, mitä hän ja hänen isänsä aikovat tehdä huomenna.

Huomenna me (1) _____ rinteessä. Välillä me (2)

_____ ja sitten me taas (3) _____ .

Iltapäivällä me (4) _____ kuumaa kaakaota ja (5)

_____ munkkeja.

Hissillä me (6) _____ ylös.

Ylhäällä me (7)_____ upeita maisemia ja (8)

_____ _____ auringonpaisteesta.

Me (9) _____ lähteä vielä huomenna kotiin.

 Ehdota parillesi, mitä voitte tehdä. Pari voi myös kieltäytyä ehdotuksistasi ja ehdottaa jotakin muuta.

Malli: Käydään kaupassa.

1. mennä teatteriin
2. lähteä ulos
3. pelata tietokonepeliä
4. maksaa lasku
5. kuunnella musiikkia

6. soittaa Minnalle
7. jäädä kotiin
8. laittaa ruokaa
9. pestä auto
10. lähettää sähköpostia Kaisalle

 Maanmiehesi haluavat tehdä kulttuurianne tunnetuksi Suomessa. Teette lehden, jossa kerrotaan erilaisia asioita sinun maastasi:

Sinä kirjoitat artikkelin, jossa kerrot, mitä sinun maassasi tai teidän perheessänne tehdään juhlapäivinä. Voit kertoa esimerkiksi, millaista ruokaa silloin syödään ja miten sitä tehdään. Käydäänkö silloin kylässä?

Kappaleessa opitaan

- kertomaan suunnitelmista ja siitä, mitä olet tekemässä juuri nyt
- lisää kauppasanastoa
- monikon nominatiivi
- 3. infinitiivi

Ostoskeskuksen avajaiset

Tänään avataan uusi suuri ostoskeskus. Siellä on monta kauppaa ja erikoisliikettä, valtava supermarket, iso huonekaluliike, pari parturikampaamoa ja paljon muuta.

Ostoskeskus avataan kello kymmenen, mutta jo puoli kymme-
5 neltä parkkipaikka on täynnä. Ihmiset jonottavat oven edessä, sillä monet kauppiaat antavat lahjoja 500 ensimmäiselle asiakkaalle. Lapset saavat ilmapallon ja mehua ja aikuiset kahvia ja pullaa.

Ulla Tahvanaiselle tämä päivä on pitkä ja raskas. Hän ja monet muut työntekijät ovat paikalla neuvomassa asiakkaita. Ulla seisoo
10 opastaulun vieressä. Kello on kymmenen ja ovet avataan. Ihmiset vyöryvät sisälle.

Asiakas: Anteeksi, missä täällä ovat huonekalut?
Ulla: Ne ovat tuolla oikealla.

Asiakas:	Entä missä ovat kodinkoneet?
Ulla:	Ne ovat ylhäällä toisessa kerroksessa.
Asiakas:	Missä hissit ovat?
Ulla:	Tuossa edessänne, olkaa hyvä.
5 Asiakas:	Missä ovat vessat?
Ulla:	Ne ovat oikealla, huonekaluliikkeen jälkeen.
Asiakas:	Anteeksi, voitteko sanoa minulle, mistä löydän vauvanvaatteet?
Ulla:	Ne ovat toisessa kerroksessa vasemmalla.

Näin jatkuu koko päivän. Kun työpäivä loppuu, Ulla on todella väsynyt. Hänen
10 jalkansa ovat kipeät ja ääni käheä. Hänestä tuntuu, että hän tuntee ostoskeskuksen
paremmin kuin oman kotinsa.

 Lue teksti ja vastaa kysymyksiin.

1. Miksi ihmiset ovat tänään liikkeellä?

2. Mitä työtä Ulla tekee tänään?

3. Mitä Ulla ajattelee työpäivän jälkeen?

MONIKON NOMINATIIVI

Monikon perusmuodossa (nominatiivissa) pääte on **-t**. Se lisätään sanan vartaloon.
T-monikossa on heikko aste. Monikon nominatiivin kanssa verbi taipuu monikon
3. persoonassa (**he**-muodossa).

perusmuoto	vartalo	pääte	
pyörä	pyörä-	+ -t	**Pyörät** ovat telineessä.
ihminen	ihmise-	+ -t	**Ihmiset** seisovat pysäkillä.
tietokone	tietokonee-	+ -t	**Tietokoneet** ovat hyllyllä.
saari	saare-	+ -t	**Saaret** näyttävät kauniilta.
käsi	käde-	+ -t	Pirjon **kädet** ovat kylmät.
avain	avaime-	+ -t	**Avaimet** ovat taskussa.
vanhus	vanhukse-	+ -t	**Vanhukset** istuvat penkillä.
tyttö	tytö-	+ -t	**Tytöt** seisovat pihalla.
sukka	suka-	+ -t	**Sukat** eivät ole laatikossa.
nappi	napi-	+ -t	**Napit** puuttuvat takista.
paita	paida-	+ -t	Lasten **paidat** jäävät nopeasti pieniksi.
jalka	jala-	+ -t	**Jalat** väsyvät helposti.

Monikon nominatiivi ilmaisee määräistä paljo-
utta. Se on **aina määräinen muoto**. Silloin asi-
asta on puhuttu aikaisemmin tai tiedetään,
mitä joukkoa se koskee. Monikon nominatiivia
käytetään usein lauseen alussa.

Nämä lapset käyvät samaa koulua kuin
meidän Janne.
Muuttolinnut lentävät Suomeen keväällä.
Päivillä on **pitkät hiukset**.

HUOMAA! Jotkut sanat ovat aina monikossa.

sakset, silmälasit, housut, kasvot

2 Katso kuvia ja tee esimerkkilause, jossa käytät **t**-monikkoa.

1 **2** **3**

4 **5** **6**

1. _____

2. _____

3. _____

4. _____

5. _____

6. _____

3 Kuuntele ja kirjoita, mitkä tuotteet maksavat oheisen hinnan.

tuote	hinta	
1	6 euroa/kpl	_____
2	49,90	_____
3	55,00	_____
4	34,90 euroa	_____
5	45 euroa	_____
6	69,90	_____
7	12 euroa	_____
8	25 euroa	_____

4 Valitse sopiva sana ja kirjoita se lauseeseen oikeassa muodossa.

postimyynti	sovituskoppi	takuu	kotiinkuljetus	tilata netistä
maksaa käteisellä	hihna	vaihto-oikeus	osamaksu	maksuehdot
kori	kärry	käyttöohje	toimitusaika	

1. Ostat uuden sohvan, mutta et voi viedä sitä kotiin autolla. Kysyt huonekaluliikkeessä:

   "Onko teillä _____?"

2. Kun ostat uuden television, sinun täytyy ensiksi lukea _____

   huolellisesti.

3. _____ tarkoittaa sitä, että tilaat tuotteet ja haet ne postista.

4. Jos sinulla ei ole pankkikorttia tai luottokorttia, sinun täytyy

   _____ ostokset _____.

5. Paikka, jossa voi kaupassa kokeilla vaatetta, on_____.

6. Kassalla sinun täytyy laittaa tavarat _____.

7. Jos haluat tilata ulkomailta esim. kirjoja, voit _____

   ne _____.

8. Kun ostaa uuden laitteen tai koneen, sen _____ on

   yleensä 6 tai 12 kuukautta.

9. Ostat uuden sohvakaluston. Et voi maksaa sitä kerralla, vaan maksat joka kuu-

   kausi tietyn summan. Ostat sohvakaluston silloin _____.

10. Kun menet kauppaan, keräät tavarat joko _____ tai

    _____.

11. Kaupassa myydään halvalla tietokoneita. Kun menet kauppaan, yhtään tietokonetta ei

    ole jäljellä, mutta niitä on keskusvarastossa. Voit varata koneen, mutta sen

    _____ on yksi viikko.

12. Jos ostat jotakin ja huomaat vasta kotona, että tuote ei ole kunnossa, sinulla

    on _____, jos sinulla on kuitti tallella.

13. _____tarkoittavat sitä, millä tavalla ja kuinka pitkän ajan

    kuluessa tuote maksetaan.

Lentokentällä

Terhi:	Hei Mikko! Pitkästä aikaa! Mitä kuuluu?
Mikko:	Hei Terhi. Kiitos kysymästä. Menen juuri työmatkalle neuvottelemaan uudesta tehtaasta Caracasiin. Oletko itse tulossa vai menossa?
Terhi:	Tulossa. Olin pari päivää tutustumassa firmamme Berliinin toimistoon. Pidän Berliinistä, ja sinne on aina ihana mennä käymään ja katselemaan kaupunkia.
Mikko:	Niin kyllä. Valitettavasti nyt minun täytyy vielä mennä ostamaan tuliaisia, mutta oli mukava tavata. Voinko soittaa sinulle, kun tulen takaisin? Mennään vaikka syömään yhdessä.
Terhi:	Se olisi mukavaa. Soita vain. Numero taitaa olla sinulla tallessa?
Mikko:	On se. Hei sitten!
Terhi:	Hei hei ja hyvää matkaa!
Mikko:	Kiitos.

Työpaikan kahvihuoneessa

Antti:	Mitäs kesälomasuunnitelmia teillä on?
Jaakko:	Me mennään perheen kanssa purjehtimaan Turun saaristoon. Siellä on myös hyvät kalavedet.
Pasi:	Joo, olin viime kesänä kalastamassa Ahvenanmaalla. Tänä kesänä lähden pariksi viikoksi tyttöystäväni kanssa Sardiniaan vaeltamaan.
Sanna:	Me lähdetään kiertämään Keski-Eurooppaa autolla. Saapa nähdä, kuinka pitkälle me päästään. Kalle hermostuu aina niin helposti, jos tiellä on paljon ruuhkaa. Mitä, Antti, aiot itse tehdä?
Antti:	Me jäädään kotimaahan viettämään perinteistä kesälomaa. Mennään mökille lepäämään ja keräämään voimia. Käyn tietysti myös melomassa ahkerasti ja kuuntelemassa Savonlinnassa oopperaa. Siinähän se kesä meneekin, ja me kaikki palataan töihin hyvällä tuulella viettämästä lomaa.
Pasi:	Enpä usko! Minä ainakin olen aina huonolla tuulella ensimmäisenä työpäivänä loman jälkeen. No niin, ruvetaanpa taas puurtamaan. Ei se loma tässä istumalla tule!

3. INFINITIIVI

Jos lauseessa on esimerkiksi **mennä-**, **olla-**, **käydä-** tai **tulla-**verbi ja halutaan saada vastaus kysymyksiin **mihin?/mitä tekemään?**, **missä?/mitä tekemässä?** tai **mistä?/mitä tekemästä?**, **mitä tekemällä?** ja **mitä tekemättä?**, lauseen toisen verbin vartaloon liitetään päätteet **-maan/-mään**, **-massa/-mässä**, **-masta/-mästä**, **-malla/-mällä** tai **-matta/-mättä**. Tämän muodon nimi kieliopissa on **3. infinitiivi**. Kaikki nämä muodot tehdään verbin vartalosta. Kaikissa on vahva aste.

perusmuoto	vartalo	pääte	
luke/a	luke-	**+-maan**	Menen **lukemaan** kirjastoon.
puhu/a	puhu-	**+-massa**	Olen **puhumassa** puhelimessa.
hiihtä/ä	hiihtä-	**+-mästä**	Olen tulossa **hiihtämästä**.
vie/dä	vie-	**+-mään**	Menen **viemään** lahjaa ystävälle.
juo/da	juo-	**+-massa**	Lapset ovat **juomassa** mehua.
opiskel/la	opiskele-	**+-malla**	Opit vain **opiskelemalla**.
juos/ta	juokse-	**+-matta**	En ehdi bussiin **juoksematta**.
pela/ta	pelaa-	**+-massa**	Olin **pelaamassa** sulkapalloa.
hypä/tä	hyppää-	**+-mään**	Keväällä lapset rupeavat **hyppäämään** narua.
maa/ta	makaa-	**+-maan**	Olen väsynyt. Menen **makaamaan** sohvalle.
häiri/tä	häiritse-	**+-mästä**	Mene pois **häiritsemästä** meitä!
lämme/tä	lämpene-	**+-mässä**	Sauna on **lämpenemässä**.

---

1 MIHIN?   Menen **syömään** kello 12.
Menen kauppaan **ostamaan** ruokaa.
Mäkiset lähtevät Ranskaan **oppimaan** kieltä ja **lomailemaan**.
Leena ja Mikko ovat menossa **katsomaan** uutta asuntoa.
Aleksi jää kotiin **siivoamaan**.
Joudun **olemaan** kotona vielä kaksi päivää, koska olen sairas.
Lapset rupeavat **pelaamaan** tennistä.
Pystytkö **avaamaan** tämän korkin? Se on todella tiukasti kiinni.
Mari opettelee **ajamaan** polkupyörällä.
Tänään en pääse **tulemaan**, koska minulla on pää kipeä.
Vauvat tottuvat nopeasti **syömään** kiinteää ruokaa.

Lauseen ensimmäisenä verbinä on usein **mennä, lähteä, tulla (johonkin)** tai **olla menossa (johonkin)**. Ne ilmaisevat liikkumista tai tekemisen aloittamista. Lisäksi **-maan/-mään**-muotoa käytetään mm. verbien **jäädä, joutua, opetella, oppia, pystyä, päästä, ruveta** ja **tottua** kanssa.

---

2 MISSÄ?   Olen **syömässä** kello 12–13.
Käyn matkatoimistossa **varaamassa** lentolipun Madridiin.
Isä istuu ulkona **lukemassa**.
Poliisi seisoo risteyksessä **ohjaamassa** liikennettä.

Tällä muodolla kerrotaan, **mitä joku on parhaillaan tekemässä, ja tekeminen jatkuu**. Olla, **käydä, istua** ja **seisoa** ovat tyypillisiä verbejä **-massa/-mässä**-muodon kanssa.

3 MISTÄ?   Tulen **syömästä** kello 13.
He palaavat **lomailemasta** ylihuomenna.
Oletko tulossa **remontoimasta** uutta asuntoasi?
Miksi tuo auton varashälytin ei lakkaa **ulvomasta**?
Kiellän sinua **puhumasta** tästä kenellekään. Se on vielä salaisuus.

Tällä muodolla kerrotaan, **mitä tekemästä joku tulee**. **Tekeminen on silloin loppunut**. Muodon tunnuksena on **-masta/-mästä**. Pääverbi voi olla esim. **tulla/palata (jostakin)** ja **lähteä (jostakin)** sekä **olla tulossa (jostakin)**. Tätä muotoa käytetään myös mm. verbien **lakata** ja **kieltää** kanssa.

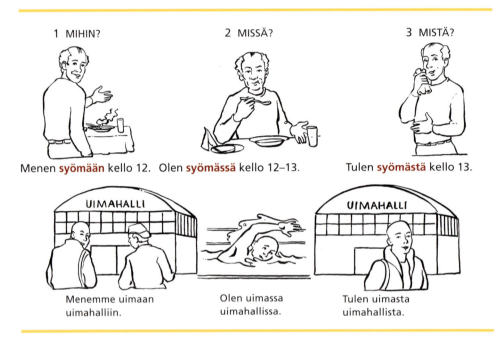

1 MIHIN?   2 MISSÄ?   3 MISTÄ?

Menen **syömään** kello 12.   Olen **syömässä** kello 12–13.   Tulen **syömästä** kello 13.

Menemme uimaan uimahalliin.   Olen uimassa uimahallissa.   Tulen uimasta uimahallista.

4 MILLÄ TAVALLA?   Opin uutta kieltä parhaiten **puhumalla** sitä.
Saat tietää asiasta enemmän **soittamalla** tähän numeroon.
Voit voittaa vain **vastaamalla** tarjoukseemme.
Menen sinne **lentämällä** (vrt. lentokoneella).

Tämä muoto vastaa kysymykseen **mitä tekemällä?/ kuinka?/ millä tavalla?**

5 MITÄ ILMAN?   Hoitaja sanoo, että minun pitää olla **syömättä** ja **juomatta**
kello 18:sta lähtien.
Et voi olla koko kesää **tekemättä** mitään!
Lähdetään täältä **sanomatta** mitään.
Kiitos ei. Jätän nyt pullan **ottamatta**, koska olen laihdutuskuurilla.
Sinä jätät aina polkupyöräsi **lukitsematta**.

Tämä muoto kertoo sen, **mitä ei tehdä** tai **ilman, että tekee**. Pääverbinä voi olla esimerkiksi **olla**, **jättää** tai **jäädä**.

a) Täydennä lause sopivalla verbillä oikeassa muodossa.

syödä hyvin	leikkiä	opiskella ranskaa	surffailla internetissä	pyöräillä
lomailla	sukeltaa	ostaa ruokaa	juhlia hääpäivää	harjoitella

1. Maria menee kauppaan _____

2. Kaija ja Ville lähtevät Pariisiin _____

3. Naapurit ovat menossa kurssille _____

4. Anu menee kirjastoon _____

5. Mummi ja ukki lähtevät ulkomaille _____

6. Aleksi ja Sami ovat menossa ravintolaan _____

7. Pasi menee kuntosalille _____

8. Jenni lähtee ulos _____

9. Tiina ja Hanna lähtevät Karibialle _____

10. Samuli menee naapuriin _____

b) Vastaa kysymyksiin. Mitä olet tekemässä, kun

1. sinulla on pensseli kädessä? _____

2. sinulla on kynä kädessä? _____

3. sinulla on lentolippu ja passi kädessä? _____

4. soitan ovikelloasi, mutta sinä et ole kotona? _____

5. sinulla on jakoavain kädessä? _____

6. näppäilet puhelimesi numeroita? _____

7. olet kodinkoneliikkeessä? _____

8. istut tuolilla ja sinulla on kahvikuppi edessäsi? _____

9. menet sinulle vieraaseen asuntoon? _____

10. on talvi, aurinko paistaa ja olet jäällä? _____

6 Kirjoita verbi lauseisiin oikeassa muodossa (-maan/-mään, -massa/-mässä, -masta/-mästä, -malla/-mällä tai -matta/-mättä).

1. Keskiviikkona Niina ja minä menemme _____ (pelata) sählyä uuteen urheiluhalliin.

2. Pelin jälkeen istumme kahvilassa _____ (juoda) limsaa ja _____ (jutella) pelistä.

3. Joskus käymme myös _____ (seurata) muiden otteluita.

4. Kun tulen pelin jälkeen kotiin _____ (urheilla), lysähdän nojatuoliin _____ (katsoa) TV:tä.

5. Kehitän pelitaitoani jatkuvasti _____ (harjoitella) paljon ja mahdollisimman usein.

6. Jo silloin, kun olin nuori, opin _____ (olla) iloinen siitä, että minulla oli mahdollisuus urheilla joka päivä.

7. Ajattelen nyt ruveta _____ (kokeilla) jotakin uutta lajia, kuten rullaluistelua tai käsipalloa.

8. Katson TV:stä paljon urheilua ja joskus kieltäydyn _____ (nähdä) tai _____ (kuulla) mitään muuta kuin urheilutuloksia.

9. En voisi elää päiväkään _____ (urheilla).

▶ Kaupungin keskustan yrittäjät tekevät tutkimusta siitä, mitä ihmiset yleensä tekevät keskustassa. Kirjoitat tutkimukseen omasta päivästäsi kaupungin keskustassa. Kirjoita, mitä menet sinne tekemään ja missä käyt. Voit käyttää apunasi oheista kuviota.

Ostoskeskus
– katsella uutta takkia
– syödä ravintolassa
– tavata ystävää
– istua ja jutella
– ostaa ruokaa

Uimahalli
– uida
– uida lasten kanssa
– mennä kuntosalille
– käydä saunassa
– istua kahvilassa

Kirjasto
– palauttaa kirjat
– lukea lehtiä
– kuunnella musiikkia
– lukea sähköpostia

Vapaapäivä kaupungilla

Kampaaja/Parturi
– leikkauttaa hiukset
– värjäyttää hiukset
– istua ja nauttia

Taidemuseo
– tavata ystävä
– katsella tauluja
– istua ja levätä

Suutari
– viedä kengät
– hakea kengät
– teettää vara-avaimet

Kappaleessa opitaan

- asiointisanastoa
- erilaisia lausetyyppejä
- joka-pronominin käyttöä
- konjunktiot: ja, että, koska

Antti käy asioilla

Antti Tahvanainen tulee työstä kotiin viiden aikaan illalla. Eteisen lattialla häntä odottaa päivän posti: puhelinlasku, tiliote, optikon mainoskirje ja postin ilmoitus paketista, joka täytyy noutaa. Antti tietää, että paketissa on vedenkeitin, jonka hän tilasi postimyyn-
5 nistä.

Hän lähtee heti hakemaan pakettia ja ottaa mukaansa myös kirjat, jotka täytyy palauttaa kirjastoon. Kun Antti on matkalla läheiseen ostoskeskukseen ja postiin, hän muistaa, että lompakko ei ole mukana. Se on kotona hänen salkussaan. Antin on pakko palata
10 takaisin kotiin ja hakea lompakko, sillä ilman henkilötodistusta ei pakettia voi noutaa. Vaikka Anttia hieman harmittaa unohduksensa, hän on kuitenkin hyvällä tuulella. Koska viikonloppu on edessä, ei ole mitään kiirettä.

Ostoskeskuksessa on paljon väkeä, eikä Antti löydä mistään parkkipaikkaa. Lopulta hän huomaa tyhjän paikan kadun varrella. Antti kävelee tien toiselle puolelle postiin. Hän löytää paketin, näyttää ajokorttinsa ja kuittaa saapumisilmoituksen. Sitten hän vie paketin autoon ja ottaa takapenkiltä kirjat mukaansa. Antti palauttaa kirjat virkailijal-
5 le, joka huomaa tietokoneelta, että ne ovat kolme päivää myöhässä. Antti joutuu mak-samaan vähän sakkoa. Hän lukee hetken lehtiä ja käy sitten etsimässä erästä Kalle Pää-talon kirjaa, mutta sitä ei ole hyllyssä. Hän kysyy neuvoa virkailijalta. Hän antaa Antille lomakkeen, jolla voi tehdä varauksen. Antti täyttää lomakkeen ja vie sen takaisin vir-kailijalle.

Kun Antti tulee kirjastosta, hän katsoo kelloa. Vai- 10
mo on jo varmaan kotona. Antti kaivaa taskusta kän-nykän ja soittaa kotiin. Hän kysyy vaimoltaan, tar-vitseeko kaupasta tuoda mitään. Vaimo pyytää häntä ostamaan maitoa, vehnäjauhoja ja jäätelöä, jos sitä on tarjouksessa. Antti löytää tavarat nopeasti, eikä kassalla onneksi ole paljon jonoa. Kaupan edessä on 15 kukkakioski, josta Antti hankkii vielä kauniin tulp-paanikimpun vaimolleen.

1 Etsi tekstistä sopiva sana ja laita se oikeaan lauseeseen oikeassa muodossa.

1. Postiluukusta tulee usein ilmaisjakelulehti ja kaupan _____.

2. Huoltoyhtiöstä tuli _____, että tiistaina sähkö on

   poikki kello 10–14.

3. Jos haluan käyttää tietokonetta kirjastossa ja käydä Internetissä, minun täytyy

   tehdä _____.

4. Ajokortti, passi tai kuvallinen Kela-kortti on _____.

5. Jos haluaa kirjastokortin, täytyy ensin täyttää _____,

   jossa kysytään henkilötiedot.

6. Jos minä pysäköin auton huonoon paikkaan, lappuliisa kirjoittaa minulle

   _____.

7. Jos minä en löydä paikkaa, jota minä etsin, minun täytyy kysyä

   _____.

8. Lähikaupassa on tänään hyvä _____. Lampaanlihaa

   saa nyt tosi edullisesti.

9. Jos nostat pankista rahaa, _____pyytää sinulta

   allekirjoituksen.

10. Kaupan kassalla nainen etsii, missä hänen _____ on.

11. Pankkiautomaatista voi nostaa rahaa, mutta automaatilla maksetaan myös

    _____.

12. Alennusmyyntien aikaan kaupassa on usein paljon ihmisiä ja pitkä

    _____.

KONJUNKTIOT

Konjunktiot ovat pieniä sanoja, jotka yhdistävät kaksi lausetta toisiinsa.

ja	yhdistää kaksi samanarvoista lausetta	Liisa lukee lehteä **ja** juo kahvia.
että	käytetään, kun referoidaan eli kerrotaan, mitä joku on sanonut	Liisa kertoi, **että** hän menee naimisiin.
jotta	ilmaisee tarkoitusta: mitä varten?	Minä säästän rahaa, **jotta** voin ostaa uuden pyörän.
koska	ilmaisee syytä, vastaa kysymykseen miksi?	Riitta ei mene työhön tänään, **koska** hän on sairas.
sillä	ilmaisee syytä tai selitystä	Minä syön paljon hedelmiä, **sillä** niistä saa vitamiineja.

kun	ilmaisee ajankohtaa ja syytä	**Kun** loma alkaa, minä matkustan Italiaan. Voitko kääntää tämän minulle, **kun** sinä osaat hyvin englantia?
jos	ilmaisee ehtoa: siinä tapauksessa, että	**Jos** minä voitan 2 miljoonaa, minä ostan ison talon.
vaikka	jostakin asiasta huolimatta	**Vaikka** ulkona sataa vettä, minä lähden kävelylle.
kuin	ilmaisee vertailua	Minä osaan enemmän englantia **kuin** itse luulin.
mutta	ilmaisee rajoitusta tai vastakohtaa	Minun televisioni on vanha, **mutta** se toimii hyvin.
vaan	ilmaisee vastakohtaa	Tänään ei ole torstai, **vaan** keskiviikko.
niin kuin **= kuten**	käytetään, kun annetaan esimerkkejä tai verrataan asioita	Minä soitan sinulle huomenna, **niin kuin / kuten** sovimme.
tai	ilmaisee vaihtoehtoa	Soitan sinulle tiistaina **tai** keskiviiikkona.
vai	käytetään kysymyslauseissa, kun annetaan vaihtoehtoja	Otatko kahvia **vai** teetä?

 **Keksi lauseille sopiva loppu.**

1. Koska minulla on vapaapäivä tänään, _____ .

2. Jos huomenna on kaunis päivä, _____ .

3. Matin isoäiti on 87-vuotias, mutta _____ .

4. Vaikka minä en oikeastaan pidä kahvista, _____ .

5. Minä haluan käydä Tallinnassa ja _____ .

6. Minä siivoan kotona, kun _____ .

7. Minä en syö suklaata, sillä _____ .

8. Minä en ole opiskelija vaan _____ .

9. Maija herää tänään seitsemältä, kuten _____ .

10. Kun jään eläkkeelle, _____ .

11. Liisa soitti minulle ja sanoi, että _____ .

12. Minä säästän rahaa, jotta _____ .

JOKA-PRONOMINI

Joka-sanalla voi yhdistää kaksi lausetta, eikä samaa sanaa tarvitse toistaa.

> Talon edessä on pieni koira. **Koira/Se** haukkuu kovasti.
> Talon edessä on pieni koira, **joka** haukkuu kovasti.
>
> Minä käyn kaupassa. **Kauppa/Se** on minun kotini lähellä.
> Minä käyn kaupassa, **joka** on minun kotini lähellä.
>
> Ulkona hiekkalaatikolla istuu pieni tyttö. **Tyttö/Hän** hymyilee iloisesti.
> Ulkona hiekkalaatikolla istuu pieni tyttö, **joka** hymyilee iloisesti.

Joka-pronomini taipuu samalla tavalla kuin muutkin sanat. Esimerkeissä on suluissa se sana, jonka paikalla käytetään **joka**-pronominia. HUOMAA, että **joka**-pronominin sijamuoto tulee jälkimmäisen lauseen verbin mukaan.

Yksikkö

Nominatiivi	joka	Tuolla kävelee vanha nainen, **joka** (⟵ nainen) asuu minun naapurissani.
Genetiivi	jo**n**ka	Tuolla kävelee Tuija Niemi, **jonka** (⟵ Tuija**n**) minä tunnen hyvin.
Partitiivi	jo**ta**	Minä pesen vihreän puseron, **jota** (⟵ pusero**a**) minä käytän paljon.
Inessiivi	jo**ssa**	Minä asun tuossa korkeassa talossa, **jossa** (⟵ talo**ssa**) on keltainen ovi.
Elatiivi	jo**sta**	Äiti osti suklaajäätelöä, **josta** (⟵ jäätelö**stä**) lapset pitävät kovasti.
Illatiivi	jo**hon**	112 on hätänumero, **johon** (⟵ numero**on**) voi soittaa ilmaiseksi.
Adessiivi	jo**lla**	Kaupassa oli mies, **jolla** (⟵ miehe**llä**) oli samanlainen takki kuin minulla.
Ablatiivi	jo**lta**	Tuolla oikealla on virkailija, **jolta** (⟵ virkailija**lta**) voit kysyä neuvoa.
Allatiivi	jo**lle**	Kaija on hyvä ystävä, **jolle** (⟵ ystävä**lle**) soitan usein.

Monikko

Nominatiivi	jo**tka**	Pihalla on kolme poikaa, **jotka** (⟵ poja**t**) leikkivät autoilla.

3 Yhdistä virkkeen alku ja loppu.

1. Hilkka on mukava tyttö, ☐   a. jolla on nuori vaimo.

2. Keijo soittaa siskolleen, ☐   b. jota täytyy usein korjata.

3. Risto asuu Porvoossa, ☐   c. jossa on varashälytin.

4. Oikealla on laituri 11, ☐   d. josta kaikki pitävät.

5. Minulla on vanha pyörä, ☐   e. joka on kaunis pieni kaupunki.

6. Talon takana ovat roskasäiliöt, ☐   f. jonka mies on usein työmatkalla.

7. Naapurissa asuu vanha mies, ☐   g. jolta Espoon juna lähtee.

8. Pekka osti uuden auton, ☐   h. jotka tyhjennetään kerran viikossa.

LAUSETYYPPEJÄ

Peruslause
Verbi taipuu persoonan mukaan.

Lauseessa voi olla vain yksi sana, verbi.

Tiina lukee.
Maija **ostaa** puseron.
Minä **soitan** sinulle.
Liisa **käy** kaupassa.
Ulkona **sataa**.
Tuulee.

Missä on mitä -lause
Verbi on yksikössä.
Ilmaistaan, **mitä on olemassa**.

Kadulla **on** auto.
Pihalla **kävelee** mies.
Laukussa **on** omena.
Kaapissa **on** kengät.
Lasissa **on** mehua.

Omistuslause
Verbi on aina **on** ja sen edessä
-lla/-llä tai **-ssa/-ssä.**

Hänellä **on** sateenvarjo.
Paavolla **on** uusi auto.
Autossa **on** neljä ovea.
Talossa **on** isot ikkunat.

Kuka tahansa -lause
Verbi on aina yksikön 3. persoonassa.
Ilmaisee, **mitä yleensä voi tehdä** tai
mitä kuka tahansa voi tehdä.

Täällä **voi** vaihtaa rahaa.
Jos **on** paljon rahaa, **voi** ostaa ison asunnon.
Puseroa **voi** sovittaa tuolla.
huomaa, että olet väsynyt.
Jos **syö** paljon karamellia, tulee huono olo.

4 Jatka lausetta 2–4 sanalla.

1. Huomenna minä _____ .

2. Jukka menee _____ .

3. Suomessa _____ .

4. Sunnuntaisin _____ .

5. Ulkona _____ .

6. Liisalla on _____ .

7. Autossa on _____ .

8. Minä ostan _____ .

9. Usein _____ .

10. Talvella _____ .

11. Jos on hyvä koulutus _____ .

12. Yliopistossa voi _____ .

5 Kirjoita vihkoon sanoista viisi lausetta. Yritä käyttää kaikki sanat.

työhön	minä	on	Lasse	kädessä	pyöräilen
kesällä	kaksi	pihalla	vanha	autolla	nainen
kesällä	Ollilla	yleensä	Matti	jalkapalloa	kassia
istuu	pelaa	usein	menee	puistossa	

6 Kuuntele ja merkitse, onko väittämä oikein vai väärin.   oikein   väärin

1. Antti on menossa kotiin.

2. Tien vieressä on sinivalkoinen poliisiauto.

3. Antti tulee autosta.

4. Poliisi haluaa nähdä ajokortin.

5. Antilla ja vaimolla on molemmilla oma auto.

6. Poliisi haluaa tarkistaa, onko Antilla alkoholia veressä.

7. Autossa on yksi takalamppu rikki.

8. Poliisi antaa Antille sakot.

Kirjoita 15 lausetta siitä, mitä näet ympärilläsi nyt.

Kappaleessa opitaan

- kertomaan, mitä tapahtui aikaisemmin
- kirjoittamaan kirje
- imperfekti

Isoisä tarinoi

Niina Mäkinen tulee juuri koulusta. Kotona odottaa isoisä Paavo, joka on käymässä tyttärensä perheen luona Kotkassa. Isoisä laittaa Niinalle ja itselleen voileipiä, ja nyt he istuvat keittiön pöydän ääressä syömässä niitä ja juomassa kaakaota.

5 – Ukki, me puhumme koulussa nyt siitä, millaista oli ennen. Kerro minulle, millaista oli silloin, kun sinä olit pieni, Niina pyytää.

– Jaa, kävin pientä koulua. Silloin meillä ei vielä ollut kouluruokaa, vaan me toimme eväät mukanamme. Minulla oli usein mukana pari voileipää ja maitoa pullossa.

10 Mehua saimme juoda vain silloin, kun olimme sairaana, ukki kertoo.

– Mitä te teitte välitunnilla? Niina kysyy.

– Potkimme usein palloa tai juoksimme kilpaa. Talvella leikimme lumisotaa. Meillä ei ollut pulkkaa, mutta me laskimme mäkeä suksilla. Minä hiihdin talvella kouluun joka päivä. Syksyllä ja keväällä kuljin isoveljeni vanhalla pyörällä. Syksyllä saimme usein vapaata siksi, että autoimme vanhempiamme nostamaan perunoita maasta tai poimimaan
5 puolukoita metsästä, ukki jatkaa.

– Katsoitko paljon telkkaria, Niina kysyy.

– Ehei tyttöseni, ei meillä ollut televisiota silloin. Joskus harvoin pääsimme kaupunkiin elokuviin. Mutta kun olin vähän vanhempi, aloin käydä tanssimassa. Ajoin usein lauantai-iltana pyörällä läheiselle tanssilavalle. Siellä oli tanssit vain kesällä. Sinne oli matkaa
10 kaa 15 kilometriä. Juuri sillä tanssilavalla minä tapasin mummosi. Hän oli niin kaunis ja iloinen nuori tyttö, että ihastuin häneen heti. Mutta muutkin nuoret miehet pitivät hänestä, ja minun oli vaikeaa saada häntä huomaamaan minut. Mutta onneksi tunsin hänen veljensä. Niin minun oli helppo tutustua Sirkkaan, enkä ole hetkeäkään katunut sitä, että tapasin hänet, ukki sanoo.

15 – Ja sitten te menitte naimisiin? Niina kysyy.

– Puolen vuoden kuluttua siitä, kun tapasimme ensimmäisen
kerran, ukki muistelee.

– Hei, olohuoneessa on teidän hääkuva. Mennään katsomaan,
Niina huudahtaa.

20 – No, mennään vain. Samalla voidaan katsoa muitakin valokuvia
ja muistella lisää vanhoja aikoja, ukki sanoo ja nousee tuoliltaan.

1 Lue teksti ja vastaa kysymyksiin.

1. Miksi Niina on kiinnostunut ukin lapsuudesta?

2. Mitä koululaiset tekivät syksyllä ukin lapsuudessa?

3. Miksi ukin oli aluksi vaikea tutustua Sirkkaan?

Ukin kirje mummille

Oulu 15.4.

Hei rakas Sirkka!

Mitä sinulle kuuluu? Minulle kuuluu vain hyvää, mutta tietysti minulla on ikävä sinua, erityisesti iloista nauruasi.

Kävin toissapäivänä katsomassa meille sopivaa asuntoa. Se oli minusta hieman liian pieni, mutta kyllä me kaksi mahdumme siihen aluksi. Eri asia on sitten, kun perheemme kasvaa.

Katsoin myös huonekaluja asuntoomme, mutta ne olivat aika kalliita. Täytyy säästää ahkerasti.

Eilen ja tänään opiskelin koko päivän. Olin ensin opistossa ja sen jälkeen menin vielä kirjastoon.

Eilen illalla olin Martin kanssa katsomassa uutta jännityselokuvaa. En oikein pitänyt siitä, koska siinä oli liian paljon väkivaltaa. Martti halusi mennä vielä sen jälkeen ravintolaan tanssimaan, mutta minä en halunnut lähteä mukaan. Miksi minä haluaisin mennä tanssimaan, kun minulla on sinut!

Rakastan sinua!

Sinun Paavosi

IMPERFEKTI

Suomen kielessä sitä, mikä tapahtuu nyt tai tulevaisuudessa, ilmaistaan preesensillä. **Imperfektillä** ilmaistaan sitä, mikä tapahtui **eilen**, **vähän aikaa sitten** tai **kaukana menneisyydessä**. Imperfektin lisäksi suomessa on kaksi muuta aikamuotoa, joilla voi ilmaista menneisyyttä, **perfekti** ja **pluskvamperfekt**i. Imperfektin tunnus on **-i-** tai **-si-** (lähinnä verbityypissä 4). Tunnus lisätään verbin vartaloon persoonapäätteen eteen. huomaa kuitenkin, että yksikön 3. persoonassa (**hän**-muoto) ei ole imperfektissä erillistä persoonapäätettä.

> Viime kesänä **vietin** kolme viikkoa Italiassa.
> **Katsoitko** eilen telkkaria?
> Me **muutimme** pois Jyväskylästä 5 vuotta sitten.
> Hän **osasi** aikaisemmin puhua kiinaa todella hyvin.

Vokaalimuutokset

Imperfektin **-i-** aiheuttaa seuraavia muutoksia verbin vartalon vokaaleissa.

Verbityypit 1, 3, 5, 6

Vartalon lopussa -o, -ö, -u ja -y eivät muutu.

		preesens	imperfekti
-o- + -i- ⟶	**-oi-**	sanon	sano**i**n
-ö- + -i- ⟶	**-öi-**	säilön	säilö**i**n
-u- + -i- ⟶	**-ui-**	puhut	puhu**i**t
-y- + -i- ⟶	**-yi-**	kysyy	kysy**i**

Vartalon lopussa -a, -e, -ä ja -i lähtevät pois.

		preesens	imperfekti	preesens	imperfekti
		odotatte	odot**i**tte	lu**e**n	lu**i**n
a̶- + -i- ⟶	**-i-**	rakast**a**n	rakast**i**n	kävel**e**mme	kävel**i**mme
ä̶- + -i- ⟶	**-i-**	muist**a**mme	muist**i**mme	lukits**e**n	lukits**i**n
e̶- + -i- ⟶	**-i-**			vanhen**ee**	vanhen**i**
i̶- + -i- ⟶	**-i-**			pid**ä**t	pid**i**t
				op**i**t	op**i**t

Jos verbissä on kaksi tavua ja sen ensimmäinen vokaali on **a-**, ja vartalon viimeinen vokaali on **-a,** tästä tulee **-o-**.

		preesens	imperfekti
		al**a**n	**a**l**o**in
-a- + ...-a ⟶	**-oi-**	**a**lk**a**a	**a**lk**o**i
		ann**a**n	**a**nn**o**in
		m**a**ks**a**mme	m**a**ks**o**imme
		j**a**ks**a**t	j**a**ks**o**imme

HUOMAA!

Imperfektissä käytetään heikkoa astetta samoissa persoonissa kuin preesensissäkin.

Luen kirjaa. **Luin** sitä jo eilen, koska se on niin paksu.

Verbityyppi 2

Ensimmäinen vokaali lähtee pois.   v̶o̶k̶a̶a̶l̶i̶ + vokaali ⟶ vokaali + -i-

preesens	imperfekti	preesens	imperfekti
s̶y̶ön	söin	minä käyn	minä kävin
s̶a̶at	sait	sinä käyt	sinä kävit
v̶i̶e	vei	hän käy	hän kävi
t̶u̶omme	toimme	me käymme	me kävimme
j̶ä̶ätte	jäitte	te käytte	te kävitte
		he käyvät	he kävivät

HUOMAA!

uin   uin

Verbityyppi 4

Vartalon viimeinen -a/-ä lähtee pois, ja yksikön 3. persoonassa myös persoonapääte. Imperfektin tunnus on -si-

haluа̶ + -si	halusin	heräät̶ + -si	heräsit
siivoа̶a + -si	siivosi	tapaа̶n + -si	tapasin
pelkää̶ + -si	pelkäsi	lepää̶mme + -si	lepäsimme
tiskaа̶mme + -si	tiskasimme		

HUOMAA!

Kuten preesensissä, myös imperfektissä verbityypissä **4** verbi on vahvassa asteessa kaikissa persoonissa.

HUOMAA!

Seuraavissa **1**-tyypin verbeissä imperfektissä tulee -i-:n lisäksi -s-.

perusmuoto	preesens	imperfekti	perusmuoto	preesens	imperfekti
tietää	tiedän	tiesin	tuntea	tuntee	tunsi
pyytää	pyydät	pyysit	huutaa	huudan	huusin
ymmärtää	ymmärrämme	ymmärsimme	rakentaa	rakennat	rakensit
lentää	lennätte	lensitte	kääntää	käännämme	käänsimme
löytää	löytävät	löysivät	kieltää	kieltää	kielsi

Imperfekti kertoo sen, mitä tapahtui tiettynä aikana menneisyydessä. Siksi lauseessa on yleensä tekemisen ajankohta, esimerkiksi **eilen, viime viikolla, viime kesänä, vuonna 2000.** Lisäksi tekeminen on kokonaan loppunut.

> He **lensivät** sunnuntaina suoraan Hong Kongista Helsinkiin.
> Eilen **juoksin** 10 kilometriä.
> Lahtiset **kävivät** viime kesänä Senegalissa.
> **Pelasitteko** te eilen tennistä?

Katso kuvia ja kirjoita vihkoon, mitä Paavo teki silloin, kun hän oli lapsi.

3 Valitse oikea sana ja tee siitä oikea muoto. Joitakin sanoja voi tarvita monta kertaa.

pitää	oppia	viettää	saapua	alkaa	täytyä
ottaa	sujua	matkustaa	lähteä	syödä	käydä
paistaa	olla	onnistua	jäädä	leikkiä	
ajaa	puhjeta	uida	pysähtyä	sairastua	

1. Viime kesänä minä _____ perheeni kanssa autolla Italiaan.

2. Me _____ Ruotsin, Saksan, ja Sveitsin läpi.

3. Ajomatka _____ pitkä ja raskas, koska aurinko _____

   niin kuumasti.

4. Onneksi me _____ matkalla usein ja _____

   tutustumassa muutamaan kaupunkiin matkan varrella.

5. Vihdoin me _____ Italiaan ystäviemme luokse.

6. Me _____ heidän luonaan kaupungissa viikon ja sitten me

   _____ kaikki lomailemaan meren rannalle.

7. Meren rannalla me _____ joka päivä aurinkoa ja

   _____ meressä.

8. Lapsemme jopa _____ muutaman sanan italiaa, koska he

   _____ niin paljon rannalla yhdessä muiden lasten kanssa.

9. Joka ilta me _____ hyvää italialaista ruokaa.

10. Lapset _____ erityisesti italialaisesta jäätelöstä.

11. Valitettavasti loma _____ olla lopussa ja meidän

    _____ ruveta suunnittelemaan paluumatkaa Suomeen.

12. Paluumatkalla autostamme _____ rengas ja Ville

    _____ vatsatautiin.

13. Villen takia _____ pieneen saksalaiseen kylään viikonlopuksi.

14. Loppumatka _____ hyvin.

15. Me kaikki _____ sitä mieltä, että lomamme _____ hyvin.

Hollantilainen Mariette van Aarts on tulkkina Brysselissä. Hän osaa suomea ja nyt hän on ensimmäistä kertaa käymässä Helsingissä.

Keskustele parisi kanssa Marietten lomaviikosta. Tehkää kysymyksiä toisillenne, esimerkiksi: Milloin Mariette saapui hotelliin?

Marietten kalenterimerkintöjä

sunnuntaina 16. heinäkuuta

20.30 saapuminen Helsinkiin.
Heti hotelliin, illallinen ja
nukkumaan.

maanantaina 17. heinäkuuta

7.30 herätys. Aamiaiselle,
karjalanpiirakka – hmmm!
9.00 Helsingin kiertoajelu, kauppatori,
tuomiokirkko,
Temppeliaukion kirkko
(fantastinen!), Sibelius-
monumentti (??). Iltapäivällä ostoksille.
Illallinen kala-ravintolassa.
Hyvää ruokaa!

tiistaina 18. heinäkuuta

Sataa vettä. Kylmä. Bussilla Porvooseen.
Upea, vanha
kaupunki! Lounas ravintolassa.
Jälkiruoka hyvää.

keskiviikkona 19. heinäkuuta

Aamupäivällä ostoksille.
Iltapäivällä Suomenlinnaan. Uskomatto-
man kaunis saari, mutta liian paljon turis-
teja. Ravintola täynnä. Hyvää olutta.

torstaina 20. heinäkuuta

Pää kipeä. Aurinkoista, mutta tuulista.
Tutustuminen
kansallismuseoon ja
taidemuseoon. Mielenkiintoista!
Lounas kaupungilla, kahvilassa. Illalla
diskossa. Hauskaa!

perjantaina 21. heinäkuuta

Koko päivän retki Nuuksion
kansallispuistoon. Väsyttää.
Upeat maisemat ja metsä!
Ja vain 30 km Helsingistä.
Illalla sauna (ihana!) ja
makkaraa nuotiolla. Hotellissa
klo 23.30. Heti nukkumaan.

lauantaina 22. heinäkuuta

Kuuma päivä, aurinko paistaa.
Uudestaan lautalla Suomenlinnaan, kirja
mukana. Piknik. Nenä punainen.
Illalla ravintolassa poroa ja
lakkoja. Herkullista!

sunnuntaina 23. heinäkuuta

8.00 herätys. Aamiaisen jälkeen
lentokentälle.
Näkemiin kaunis Helsinki!

NEGATIIVINEN IMPERFEKTI

Negatiivisessa imperfektissä ei ole **-i**-tunnusta. Sen tunnus on yleensä **-nut/-nyt** tai **-nnut/-nnyt** ja monikossa **-neet/-nneet**. Lisäksi tarvitaan kieltoverbi.

Eilen **en ehtinyt** lukea lehteä.
Emme menneet elokuviin.
Etkö vienyt kukkia isoäidille?
Hän **ei jaksanut** vastata mitään.
He **eivät halunneet** ajatella enää asiaa.
Te **ette tarvinneet** eilen autoa.

Verbityypit 1 ja 2

perusmuoto	+ -nut/-nyt tai -neet	negatiivinen imperfekti
soitt~~aa~~	soitta**nut**	en soittanut
		et soittanut
		ei soittanut
	soitta**neet**	emme soittaneet
		ette soittaneet
		eivät soittaneet
syö~~dä~~	syö**nyt**	en syönyt
		et syönyt
		ei syönyt
	syö**neet**	emme syöneet
		ette syöneet
		eivät syöneet

HUOMAA!

Negatiivisessa imperfektissä on **1**-tyypin verbeissä vahva aste.

HUOMAA!

perusmuoto	+ -nut/-nyt tai -neet	negatiivinen imperfekti
tietä~~ä~~	tien**nyt**, tietä**nyt**	en tiennyt / tietänyt
		et tiennyt / tietänyt
		ei tiennyt / tietänyt
	tien**neet**, tietä**neet**	emme tienneet / tietäneet
		ette tienneet / tietäneet
		eivät tienneet / tietäneet

Verbityyppi 3

perusmuoto	+ -nut/-nyt tai -neet	negatiivinen imperfekti
men~~nä~~	men**nyt**	en mennyt
		et mennyt

HUOMAA!

perusmuoto		negatiivinen imperfekti
tulla	tul**lut**	emme/ette/eivät tul**leet**
pestä	pes**syt**	emme/ette/eivät pes**seet**
purra	pur**rut**	emme/ette/eivät pur**reet**

Verbityyppi 4

perusmuoto	+ -nnut/-nnyt tai -nneet	negatiivinen imperfekti
halu~~ta~~	halu**nnut**	en halunnut
		et halunnut
		ei halunnut
	halu**nneet**	emme halunneet
		ette halunneet
		eivät halunneet
hypä~~tä~~	hypä**nnyt**	en hypännyt
		et hypännyt
		ei hypännyt
	hypä**nneet**	emme hypänneet
		ette hypänneet
		eivät hypänneet

HUOMAA!

Verbityypissä **4** on negatiivisessa imperfektissä heikko aste.

Verbityyppi 5

perusmuoto	+ -nnut/-nnyt tai -nneet	negatiivinen imperfekti
vali~~ta~~	vali**nnut**	en valinnut
		et valinnut
		ei valinnut
	vali**nneet**	emme valinneet
		ette valinneet
		eivät valinneet

Verbityyppi 6

perusmuoto	+ -nnut/-nnyt tai -nneet	negatiivinen imperfekti
vanhe~~ta~~	vanhe**nnut**	en vanhennut
		et vanhennut
		ei vanhennut
	vanhe**nneet**	emme vanhenneet
		ette vanhenneet
		eivät vanhenneet

5 Katso kuvaa ja kirjoita, mitä Mariette ei tehnyt Helsingissä.

2 _____

4 _____

1 _____

3 _____

6 Täydennä lauseet oikealla verbillä ja oikealla negatiivisella muodolla imperfektissä.

keskustella	jäädä	voida	soida	tulla	ehtiä
löytää	muistaa	keittää	haluta	toimia	

Eilen meidän perheessä kaikki meni pieleen:

1. Aamulla herätyskello _____.

2. Vesihanasta _____ vettä.

3. Emme _____ käydä suihkussa emmekä

   _____ kahvia.

4. Ville ja Linda _____ lähteä päiväkotiin.

5. Jukka _____ auton avaimia.

6. Sitten huomasin, että minun kännykkäni _____.

7. Ville jäi odottamaan lapsia, mutta minä juoksin pysäkille.

   Valitettavasti _____ bussiin.

8. Pysäkillä luulin jo, että bussilippuni oli hukassa, kun

   _____ sitä heti takin taskusta.

9. Bussissa oli myös vanha tuttuni, mutta me _____,

   koska emme _____ istua vierekkäin.

10. Nukahdin enkä _____ jäädä pois oikealla pysäkillä.

7 Täydennä lauseet. Käytä annettua verbiä ensin positiivisessa ja sitten negatiivisessa muodossa.

1 ymmärtää   Viime viikolla minä _____ asian,

mutta he eivät _____ sitä.

2 tietää   Eilen sinä _____ tästä asiasta,

mutta me emme _____ siitä.

3 lentää   Viime sunnuntaina minä _____ Pekingiin,

mutta te ette _____ sinne.

4 tuntea   Viime vuonna hän _____ meidät kaikki,

mutta he eivät _____ ketään.

5 pyytää   Viime viikolla he _____ tätä kirjaa lainaksi,

mutta tällä viikolla he eivät enää _____ sitä.

6 rakentaa   Viime vuonna te _____ talon,

mutta me emme _____.

7 huutaa   Eilen hän _____ lapsille,

mutta minä en _____ heille.

8 kääntää   Viime tiistaina minä _____ tämän

englanniksi, mutta en _____ sitä venäjäksi.

9 löytää   Eilen aamulla minä _____ kännykkäni,

mutta en _____ sitä tänä aamuna.

10 kieltää   Viime viikolla me _____ lapsia, mutta

tällä viikolla emme _____ heitä.

 Mariette kirjoittaa suomalaiselle ystävälleen Amsterdamiin kirjeen ja kertoo,

mitä hän teki Helsingissä. Kirjoita Marietten kirje.

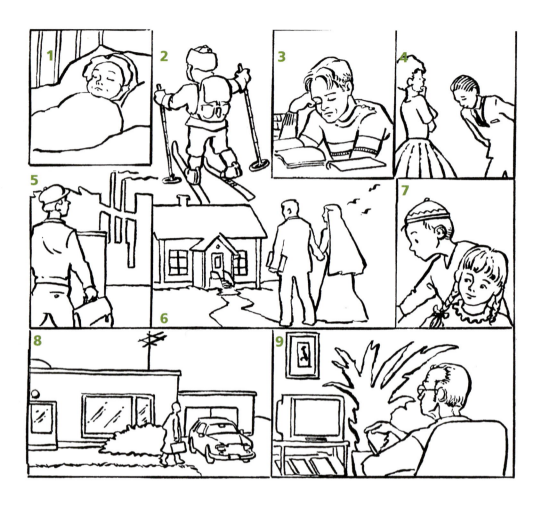

1. _____

2. _____

3. _____

4. _____

5. _____

6. _____

7. _____

8. _____

9. _____

Kappaleessa opitaan

- ravintolasanastoa
- asiointifraaseja
- perusasioita objektista

Hääpäivä – seitsemän vuoden onni

Sami ja Kirsti Lahtelalla on tänään hääpäivä. He menivät naimisiin seitsemän vuotta sitten kauniina heinäkuun lauantaina. Ennen kuin he menivät naimisiin, he ehtivät asua yhdessä pari vuotta. Joka vuosi Samilla on tapana viedä Kirsti ulos syömään hääpäivänä. Nytkin
5 hänellä on pöytä varattuna ravintola Pippurimyllyyn.

Ravintolassa ovimies ottaa Kirstin ja Samin takit naulakkoon, ja hovimestari ohjaa heidät pöytään. Tarjoilija sytyttää kynttilän heidän pöytäänsä ja tuo ruokalistat.

– Voi, kun näyttää hyvältä! Mehän olimme täällä kerran aikai-
10 semmin kolme tai neljä vuotta sitten, sanoo Kirsti.

– Niin olimme. Sinä pidit silloin kovasti tästä paikasta, niin ajattelin, että tänne voidaan tulla uudestaan, vastaa Sami.

– Ruokalista on kyllä uusi. Silloin minä söin jänispaistia.

– Minä taidan nyt ottaa tomaattikeittoa ja täytetyn kesäkurpitsan. Entä sinä?

– Minä otan parsaa ja sipulipihvin. Tilaatko sinä sillä aikaa, kun minä käyn nopeasti soittamassa lapsenvahdille, että hän muistaa antaa Riinalle antibiootin ennen nukkumaan menoa.

5   – Selvä.

Tarjoilija ottaa Samilta heidän tilauksensa ja kysyy:

– Ja mitä juotavaa?

– Me otamme pullon punaviiniä ja vettä, kiitos.

Sami ja Kirsti syövät hitaasti ja muistelevat samalla yhteisiä vuosiaan.

10   – Muistatko, kun sinä kerran unohdit meidän hääpäivämme? Menit työkavereiden kanssa pelaamaan sählyä ja tulit kotiin vasta myöhään illalla. Minä olin niin vihainen sinulle.

– Sitä ei voi unohtaa. Sinä suutuit hirveästi ja heitit juomalasin seinään. Onneksi et heittänyt sitä kallista Alvar Aallon kukkamaljakkoa, jonka saimme häälahjaksi!

15   – Niin, mutta sitten sinä seuraavana päivänä annoit minulle pullon ihanaa hajuvettä, suuren suklaarasian ja uudet kauniit käsineet, vastaa Kirsti.

– Vein sinut syömään sitten seuraavana viikonloppuna.

Entäs se, kun me olimme ostamassa ensimmäistä autoamme! Sinä sanoit, että auton täytyy olla punainen, mutta sitä väriä piti odottaa kuusi kuukautta. Sitten kuljetimme

20   Riinaa pyörällä päiväkotiin koko talven.

– Kaikenlaista ehtii tapahtua seitsemässä vuodessa, huokaa Kirsti.

– Sanopa muuta! Mutta sitä päivää en kadu, kun sinut tapasin. Minä rakastan sinua, jatkaa Sami.

– Niin minäkin sinua, vastaa Kirsti ja hymyilee.

25   Kirsti ja Sami ottavat vielä suklaatorttua ja kahvia jälkiruoaksi. He tilaavat laskun ja kävelevät käsi kädessä kotiin.

1 Täydennä sopivalla sanalla oikeassa muodossa. Sanat löytyvät tekstistä.

1. Sami soitti eilen ravintolaan, koska hän halusi, että heille on _____

    rauhallinen pöytä hääpäiväksi.

2. Tarjoilija tuo heille _____.

3. Sami tekee tarjoilijalle _____.

4. Sami syö ensin tomaattikeittoa. Se on _____.

5. Kirstin _____ on sipulipihvi.

6. Pääruoan jälkeen he syövät _____.

7. Lopuksi Sami tilaa _____, ja he maksavat ja lähtevät.

Ravintola Pippurimylly

Ruokalista

Alkuruokia

Sipulikeitto
Tomaattikeitto
Parsaa ja parmankinkkua
Mozzarella- ja tomaattisalaatti
Katkarapucocktail
Valkosipulietanat
Saaristolaislautanen:
graavilohta, silliä, silakkaa ja mätiä sekä leipää

Pieneen nälkään

Katkarapuruukku
Lämmin kanaleipä
Broilersalaatti
Kreikkalainen salaatti
Lohikeitto

Pääruokia

Sienitäytteinen kesäkurpitsa
Grillattua siikaa ja keitettyjä perunoita
Paistetut muikut ja perunamuusia
Valkosipulibroileria ja yrttiriisiä
Kermainen kalkkunapasta
Kanttarelliporsasta ja vihanneshöystöä
Sipulipihvi ja kermaperunat
Talon pippuripihvi ja uuniperuna

Jälkiruokia

Suklaatorttu ja vadelmakastiketta
Hedelmäsalaatti
Raparperijäätelöä
Omenapaistos ja vaniljakastiketta
Kinuskikarpalot
Valkosuklaavaahto

OBJEKTI

Objekti on verbin tekemisen kohde. Objekti vastaa usein kysymyksiin **mitä?** tai **kenet?**

Mitä sinä syöt?	– Minä syön **leipää**.
Mitä sinä ostit?	– Minä ostin **takin**.
Mitä sinä tarvitset?	– Minä tarvitsen **silmälasit**.
Mitä Kari maalaa?	– Hän maalaa **kirjahyllyä**.
Mitä sinä ompelet?	– Minä ompelen **hametta**.
Kenet sinä tapasit eilen?	– Minä tapasin **Kallen**. Minä tapasin **hänet** toissapäivänä.

Objekti voi olla samannäköinen kuin

– partitiivi	Minä en osta **sateenvarjoa**.
– genetiivi	Minä ostan **sateenvarjon**.
– perusmuoto (yksikön nominatiivi)	Minun täytyy ostaa **sateenvarjo**.
– monikon nominatiivi	Minä ostan nuo **sateenvarjot**.

Partitiivi tulee:

1	Negatiivisissa lauseissa.	Minä en syö **omenaa**.
		Minä en halua **kahta banaania**.
		Kaija ei huomaa **minua**.
		Älä ota **tätä paperia**!
		Etkö lue **tätä lehteä**?
2	Jos tekeminen tapahtuu nyt, se ei ole loppunut.	Isto lukee nyt **kirjaa**.
		Minä katson **televisiota**.
		Älä häiritse minua, minä kirjoitan juuri **kirjettä**.
3	Jos emme tiedä tai halua sanoa, kuinka paljon jotakin on, tai jos jotakin on vähän (useat ruokasanat).	Jukka syö **leipää**.
		Ulla juo **teetä**.
		Luen **kirjaa** (= pari sivua, vähän).
		Ostan **makkaraa**.
4	Joidenkin verbien kanssa: **odottaa, ajatella, harrastaa, kysyä, kiittää, rakastaa, vihata, pelätä.**	Minä odotan **bussia**.
		Heikki rakastaa **Ullaa**.
		Maija pelkää **pimeää**.

Genetiivi tulee:

1	Kun on kyse yhdestä, kokonaisesta.	Minä syön **omenan** (= yhden koko omenan).
		Minä ostan **auton**. (Normaalisti ostetaan yksi auto.)
2	Kun asia viedään loppuun saakka ja tekemisellä on tulos.	Minä luen **kirjan** (loppuun).
		Minä suljen **oven**. (Ovi on sitten kiinni.)
		Kirjoitan **kirjeen**. (Sitten kirje on valmis.)

Perusmuoto eli **yksikön nominatiivi** tulee positiivisissa lauseissa:

1	Imperatiivissa (ja kun kyseessä on yksi kappale jotakin).	Avaa **ovi**! Ota **passi** mukaan!
2	Passiivissa.	Tämä **tehtävä** tehdään huomenna. Hei, tilataan **pitsa**!
3	Verbien **täytyä, pitää** ja **olla pakko** kanssa.	Minun täytyy ostaa **uusi televisio**. Meidän pitää hankkia **isompi asunto**. Meidän on pakko postittaa **tämä kirje** tänään.

Monikon nominatiivi tulee:

1	Jos on kyseessä kaikki.	Ilkka tiskaa **astiat** (= kaikki likaiset astiat). Maija vie **roskat** ulos. Varas vei **kaikki rahat**.
2	Jos tiedetään tarkasti, mitkä.	Luin kaikki **nämä kirjat** viime viikolla. Minä otan **nuo kengät**. Sinä voit ottaa isän **avaimet**.

Jussi söi omenan.   Maija syö omenaa.   Matti söi omenat.   Erkki ei syö omenaa.

Persoonapronominien objektimuodot

Persoonapronomineilla on oma objekti-muotonsa, negatiivisissa lauseissa myös persoonapronomineista käytetään partitiivia.

Objektimuoto	Partitiivi
minut	minua
sinut	sinua
hänet	häntä
meidät	meitä
teidät	teitä
heidät	heitä

Minä tapaan **hänet** huomenna seitsemältä.
Minä vien **sinut** autolla kotiin.
Vanha koulukaverini tunsi **minut**, vaikka tapasimme viimeksi 8 vuotta sitten.
Te ette taida muistaa **minua**, mutta olen entinen opiskelijanne.

HUOMAA!

Pronomini **se** taipuu muiden sanojen tapaan genetiivissä tai partitiivissa.

Otan **sen**.

En ota **sitä**.

Pronomini **ne** on jo monikossa, joten vaihtoehdot ovat monikon nominatiivi tai monikon partitiivi.

Vien **ne** roskiin.

En vie **niitä** roskiin.

 Esittäkää parin kanssa tarjoilija–asiakas -keskustelu ravintolassa. Käyttäkää apuna PIPPURIMYLLYN ruokalistaa (s. 179).

Liha- ja kalatiskillä

Myyjä:	Mitäs rouvalle laitetaan?
Kirsti:	Otan 300 grammaa kalkkunaleikettä.
Myyjä:	Näin. Tässä on 310 grammaa.
Kirsti:	Saa olla. Sitten otan kokonaisen kirjolohen.
5 Myyjä:	Onko tämä tässä sopiva? Se painaa kilo kaksisataa grammaa.
Kirsti:	Se on hyvä.
Myyjä:	Entä sitten muuta?
Kirsti:	Vielä neljä lampaankyljystä.
Myyjä:	Ja näin, olkaa hyvä.
10 Kirsti:	Kiitos, hei!
Myyjä:	Kiitos, hei hei!

Tulista rakkautta

From: pepe@hotnet.fi
Date: 14.2.2008
To: minni@netti.fi
15 Subject: Minulla on ikävä sinua

Kulta! Minä rakastan ja kaipaan sinua. En voi elää ilman sinua. Tahdon nähdä sinut mahdollisimman pian! Kai sinäkin haluat tavata minut? Vaikka tunnen sinua vasta vähän, tiedän, että meidät on tarkoitettu yhteen. Kahden viikon jälkeen tuntuu kuin tuntisin
20 sinut jo vuosien takaa. Haluan sinut vaimokseni!

Rakkaudella Pepe

3 Alleviivaa oikea objekti.

1. Minä syön
2. Pirjo osti eilen
3. Uusilla laseilla näen hyvin
4. Kaija ottaa hyllyltä
5. Kaisa rakastaa
6. Maija ei muista Teron
7. Ulla hankki eilen
8. Minä tunnen
9. Minä luen vähän
10. Minä unohdin

a. spagettia / spagetin / spagetit.
b. pyörää / pyörän / pyörät.
c. sinua / sinut / sinun.
d. kirjaa / kirjan / kirjat.
e. Villeä / Villen.
f. puhelinnumeroa / puhelinnumeron / puhelinnumerot.
g. kesäkenkää / kesäkengän / kesäkengät.
h. hänen / häntä / hänet.
i. kirjaa / kirjan / kirjat.
j. lompakkoa / lompakon / lompakot.

4 Pane objekti oikeaan muotoon. Sana on annettu suluissa.

1. Risto syö _____ (omena), mutta hän ei syö

   _____ (banaani).

2. Minä katson televisiosta _____ (elokuva),

   mutta en katso _____ (lastenohjelma).

3. Minä otan kahvin kanssa _____ (pulla),

   mutta en syö _____ (kakku).

4. Minä ostan alennusmyynnistä _____ (pusero),

   mutta en osta _____ (hame), koska se oli liian pieni.

5. Minä lainaan kirjastosta yhden _____ (kirja),

   mutta en lainaa _____ (lehti), koska luin sen jo siellä.

6. Otan kaapista _____ (kahvikuppi), mutta en ota

   _____ (lautanen), koska en halua paljon tiskiä.

5 Kysy pariltasi, mitä hän syö ja juo:

• normaalisti   • kiireisenä aamuna   • viikonloppuaamuna.

6 Muuta lauseet positiiviseen muotoon. Mieti tarkasti, mikä on silloin oikea objektin sijamuoto.

1. Minä en osta uutta autoa. _____

2. Liisa ei vie kirjettä postiin. _____

3. Minä en rakasta sinua. _____

4. Kari ei maksa sähkölaskua. _____

5. Me emme odota bussia. _____

6. Minä en avaa ikkunaa. _____

7. Minun ei tarvitse tehdä tätä tehtävää. _____

8. Minä en pese tänään tukkaa. _____

9. Älä vie tätä pussia roskiin! _____

10. Iiris ei katso tämäniltaista elokuvaa. _____

11. Kurssin aikana ei lueta tätä kirjaa. _____

12. Maija ei pelkää pimeää. _____

13. Me emme varaa paikkalippua junaan. _____

14. Risto ja Kaarina eivät remontoi asuntoa. _____

7 Erja lähtee pariksi päiväksi Tallinnaan.
Katso kuvaa ja kerro, mitä hän ottaa mukaan matkalle.

▶ Kerro, millaisen kauppareissun teet, jos olet juuri voittanut ison summan rahaa.

24

Kappaleessa opitaan

- lukemaan lehtitekstiä:
  ymmärtämään
  keskeinen asiasisältö
  tekstistä, jossa on
  runsaasti uutta
  sanastoa ja uusia
  kielioppirakenteita

30-v. viehättävä yksinhuoltajanainen
etsii lenkkeily- ja juttuseuraa. Jos olet saman-
ikäinen savuton ja kunnollinen mies vailla
ystävää, ota yhteyttä.

Nimim. Kevättä rinnassa

Sinä hoikka ja nuorekas 42–48 v. nainen,
kiinnostaako mökkeily, matkustaminen, teat-
teri ja ulkoilu? Seuraasi etsii varakas ja ko-
mea 47-v. leskimies.

Nimim. Yhdessä huomiseen

A
Helsinki, Espoo ja Vantaa etsivät työntekijöitä ensi kesäksi

Helsingin, Espoon ja Vantaan kaupunki-
en kesätyöpaikat tulevat hakuun tammi–
helmikuussa.

5 Helsingissä haku alkoi eilen, Vantaal-
la se alkaa 28. tammikuuta ja Espoossa
4. helmikuuta. Työpaikkoja haetaan pää-
sääntöisesti netissä.

Helsinki palkkaa noin 2 300 kesätyön-
tekijää. Kesätyöntekijöitä otetaan esimer-
10 kiksi puistotyöntekijöiksi, Helsinki Help
-turistineuvojiksi, liikuntapaikkojen hoi-
tajiksi ja sairaaloihin.

Espoo ottaa kesätöihin noin 550 kou-
lulaista ja opiskelijaa. Lisäksi tarvitaan
5 parisataa koulutettua työntekijää sijaista-
maan muun muassa palomiehiä ja sairaan-
hoitajia. Vantaalla työtä on tarjolla noin
450 nuorelle. HS–STT

10 *Helsingin Sanomat 17.1.2008*

1 **Lue teksti A ja vastaa kysymyksiin.**

1. Milloin työpaikkaa voi hakea?

2. Miten työpaikkaa haetaan?

3. Millaisiin töihin Helsinki tarvitsee kesätyöntekijöitä?

4. Montako henkilöä Vantaa ottaa työhön?

Mitä tarkoittavat seuraavat ilmaisut? Valitse vaihtoehdoista oikeat.

koulutettu työntekijä	=	työtön ihminen / opiskellut ihminen
pääsääntöisesti	=	joskus/enimmäkseen
neuvoja	=	hoitaja/opastaja
työtä on tarjolla	=	työpaikkoja on vapaana / työ on loppu

B

Kunnon sohva kestää pissat, vesipyssyt ja Batman-hypyt

- **Lapsiperheessä sohva on lasten ja lelujen valtakuntaa**
- **Vanhemmat ehtivät harvoin sohvalle makoilemaan**

Annakaisa Pirilä-Mänttäri
HELSINGIN SANOMAT

Kun kaksivuotias espoolainen **Ellen Yli-Valkama** herää aamulla, hän suuntaa ensimmäiseksi rivitalokodin yläkertaan ja olohuoneen beigelle kangassohvalle.
Gumbölessä asuvien **Tiina Koivusipilän**
5 ja **Kai Yli-Valkaman** perheessä sohva on varsinainen monitoimihuonekalu. Siinä leikitään, kiipeillään, vaihdetaan vaipat ja katsotaan lastenohjelmat.

Kun Ellen syntyi, perhe vaihtoi entisen
10 sohvansa suurempaan, että kaikille riittäisi tilaa. Nyt sohvalle ponnistelee lattialta myös yhdeksänkuinen **Viljami**.

Koko perheen yhteiset sohvahetket ovat silti harvassa. Kai Yli-Valkaman aika
15 kuluu suurelta osin omakotityömaalla, eikä kahden lapsen kanssa kotona touhuava Tiina Koivusipilä ehdi hänkään päivän aikana enemmälti huilimaan.

Jos äidillä ja isällä jonakin iltana on ti-
20 laisuus loikoilla sohvalla kaksistaan, on paikoitus vakio. Tiinan paikka on divaa-

niosassa, jolloin Kai mahtuu makaamaan sohvan pitkittäissuunnassa. Joinakin iltoina käy niinkin, että Tiina saa hakea television seuraan uuvahtaneen miehensä soh-
25 valta alakertaan nukkumaan.

Kun espoolaiset **Reeta** ja **Matti Kuronen** vuosia sitten tarvitsivat Otaniemen opiskelija-asuntoonsa sohvan, oli uuden huonekalun tärkein ominaisuus halpa
30 hinta. Löytyi vaaleapintainen kangassohva, joka on selvinnyt ehjänä nyt jo kolmesta muutosta.
– –
Nykyisin olarilaisen kerrostalokodin sohvalla useimmiten lueskellaan pian kaksi-
35 vuotiaan **Neelan** kanssa.

Sohvan sijaintia ei tässä taloudessa määrää ainakaan televisio, koska sellaista Kurosilla ei ole lainkaan. Reeta ja Matti Kuronen pohtivat, ettei sohva oikeastaan
40 ole heille ollenkaan välttämätön. Aikaa voi viettää myös ruokapöydän ääressä.

RUSKEA NAHKASOHVA ON YLEISIN

Omakotitaloasujien Suomela-lehden tekemän sohvabarometrin mukaan suomalaisissa omakotitaloissa istutaan useimmiten
45 ruskealla nahkasohvalla.

Yleisimmin sohva on mitoitettu kol-

melle hengelle, mutta viimeksi kuluneen vuoden aikana ostetuista sohvista jo yli kolmasosaan mahtuu viisi tai useampia ih-
5 misiä. Uusissa sohvissa korostuu myös divaanin ja kulmasohvan suosio.

– –

Joka toisessa omakotitaloudessa sohvaa käyttävät tasapuolisesti kaikki perheenjäsenet. Useammassa kuin joka viidennessä
10 omakotitalossa sohvalla oleskelee useimmiten perheen isä tai muu miespuolinen aikuinen. Perheen isällä on yleensä myös hallussaan kaukosäädin. **HS**
Helsingin Sanomat 20.1.2008
15 Lyhennetty alkuperäisestä artikkelista.

3 **Lue teksti B ja merkitse, onko väite oikein vai väärin.**

oikein väärin

1. Lapsiperheessä äiti ja isä makaavat usein sohvalla.

2. Yli-Valkaman sohva on vihreä.

3. Sohvalla vaihdetaan joskus vaippoja.

4. Kai Yli-Valkama rakentaa taloa.

5. Äiti ottaa usein päiväunet.

6. Reetalle ja Matille oli tärkeää se, mitä sohva maksaa.

7. Kurosen perheessä on televisio.

4 **Vastaa kysymyksiin.**

1. Minkävärinen on suomalaisten sohva normaalisti?

2. Mistä materiaalista se on tehty?

3. Ostetaanko nykyään pieniä sohvia?

4. Kuka käyttää kaukosäädintä?

5 **Mitä tarkoittaa:**

loikoilla = _____

pohtia = _____

oleskella = _____

C
Marttila on tuntematon, mutta niin on hyvä!

Jani Jakonen

LÄNSI-HELSINKI

Kaksisataa metriä Pitäjänmäen juna-asemalta pohjoiseen sijaitseva Marttila on Helsingin pienimpiä asuinalueita.

Kaupunkisuunnitteluvirasto on määrittänyt Marttilan osa-alueen rajoiksi Kaupintien, Vihdintien, Partiotien ja Korsupolun. Noin 400 hehtaarin alueella on vain 360 asukasta.

Vähäinen asukasluku ei yllätä Marttilassa lähes koko ikänsä asunutta **Aulis Ivaskaa**.

– Onhan tämä harvaan asuttua aluetta. Lisäksi lähes kaikki asuvat omakotitaloissa, kerrostaloja on vain kolme, eläkkeellä oleva historianopettaja sanoo.

Marttilan pienuutta selittää alueen historia tyypillisenä sotien jälkeen rakennettuna väljänä puutaloalueena. Aulis Ivaska muutti Marttilaan 7-vuotiaana Karjalan Antreasta vuonna 1943, kun isä oli vammautunut sodassa. Marttilaan rakennettiin asuntoja sotien veteraaneille ja heidän perheilleen, ja alueen epävirallisena nimenä onkin ollut Invalidikylä.

Asuinalueen pienuudesta on Ivaskan mielestä lähinnä vain hyötyä. Häiriöitä ja rauhattomuutta on vähän. Asukkaat tuntevat toisensa ja tervehtivät nähdessään.

– En nyt keksi Marttilan pienuudesta johtuvia haittoja. Ruokakauppojahan täällä ei tosin enää ole. Isompaan paikkaan ei ole koskaan tehnyt mieli asumaan. Jos haluaa käydä kaupungin hulinassa, niin keskustaan pääsee junalla vain 12 minuutissa.

Ivaska uskoo, ettei Marttila ole kovin tunnettu paikka. Taksitkaan eivät aina tiedä, missä Marttila on.

– Toisaalta alue pysyy rauhallisena, kun se ei ole kovin tunnettu.

Vaikka Marttila sijaitsee isojen Pitäjänmäen ja Reimarlan puristuksessa, on Marttilalla silti oma selkeä identiteettinsä.

– Ei pieni Marttila huku isompien joukkoon. Puutalot ja asukkaiden yhteishenki luovat tänne kylämäisen idyllin.

Helsingin Uutiset 28.3.2008

---

 6 Lue teksti C ja vastaa kysymyksiin.

1. Missä Marttila on?

2. Kuinka monta ihmistä Marttilassa asuu?

3. Mikä oli Aulis Ivaskan ammatti?

4. Milloin Ivaska muutti Marttilaan?

5. Millainen asuinalue Marttila on?

6. Millaiset liikenneyhteydet Marttilasta on keskustaan?

7 Kirjoita sanan vastakohta. Voit käyttää myös sanakirjaa.

väljä >< _____

epävirallinen >< _____

hyöty >< _____

ei koskaan >< _____

tunnettu >< _____

 Lue johdannon ilmoitukset (s. 185) ja vastaa toiseen niistä tai kirjoita oma ilmoi-tuksesi henkilökohtaista-palstalle.

Kirjan harjoitusten ohjeet – kirjoita tähän ohjeet omalla kielelläsi.

Anna ...   Alleviivaa ...

Ehdota parillesi ...

Esitä/Esittäkää parin kanssa ...

Etsi (tiedot) tekstistä.

HUOMAA!

Jatka lausetta.

Katso kuvaa/kuvia/kaaviota/karttaa.

Keksi (itse) jatko / sopiva loppu / lisää kysymyksiä.

Kerro ...   Kerää ...

Keskustele parin kanssa.

Kiertele kysymässä muilta/kurssikavereiltasi.

Kirjoita dialogi/keskustelu/kysymykset/numerot.

Kirjoita ystävällesi/perheellesi/äidillesi.

Kuuntele (äänitteeltä) kuvaus/tarina/keskustelu/ohje.

Kuuntele ja toista.

Kysy muilta opiskelijoilta/parilta(si)/naapuriltasi.

Kysymyksiä ja vastauksia.

Käytä ...

Sijoita/Kirjoita lauseeseen / oikeaan esimerkkiin.

Lue teksti ja vastaa kysymyksiin.

Merkitse.

Mikä ei kuulu joukkoon?

Mikä sanoista kuuluu yhteen kuvan kanssa?

Mitä sinä teet..?   Muuta ...

Oikein vai väärin?

Sijoita/Pane lauseeseen / oikeaan esimerkkiin.

Piirrä ...   Rastita ...

Sijoita ...   Suunnittele ...

Taivuta ...

Tee kuvasta lauseita.

Tee kysymys/kysymyksiä parillesi.

Tee parin/parisi kanssa dialogi/esimerkkilauseita/keskustelu.

Tervehdi kaikkia muita opiskelijoita ja opettajaa.

Esittäydy ja kysy kuulumiset.

Täydennä ...   Valitse ...

Valitse yksi seuraavista / näistä aiheista / yllä olevista kuvista.

Vastaa kysymyksiin/väittämiin.

Yhdistä ...

Yritä käyttää ...

Kuvalähteet:

s. 7 © ScandinavianStockPhoto, Rodeo.fi, ScandinavianStockPhoto, Rodeo.fi

s. 8 © Futureimagebank.com

s. 11 © Rodeo.fi

s. 12 © Rodeo.fi, Corbis, Rodeo.fi, Corbis, Corbis

s. 14 © Rodeo.fi, Rodeo.fi, Corbis, Rodeo.fi, Futureimagebank.com

s. 16 © Futureimagebank.com, Rodeo.fi

s. 19 © Rodeo.fi, Rodeo.fi

s. 24 © Rodeo.fi, Rodeo.fi

s. 25 © Futureimagebank.com, Futureimagebank.com, Futureimagebank.com, Rodeo.fi

s. 31 © Rodeo.fi, Rodeo.fi, Rodeo.fi

s. 32 © Rodeo.fi, Rodeo.fi, Futureimagebank.com, Johnér/Fennopress, Johnér/Fennopress, Futureimagebank.com

s. 36 © Pauliina Luoto

s. 38 © Rodeo.fi, Johnér/Fennopress, Johnér/Fennopress

s. 44 © Johnér/Fennopress, Johnér/Fennopress

s. 45 © Rodeo.fi

s. 56 © Lehtikuva, Lehtikuva, Futureimagebank.com

s. 66 © Rodeo.fi, Lehtikuva

s. 70 © Corbis

s. 74 © Suomen Kuvapalvelu, Futureimagebank.com

s. 75 © Futureimagebank.com, Suomen Kuvapalvelu

s. 76 © Futureimagebank.com, Futureimagebank.com, Futureimagebank.com, Fazer, Futureimagebank.com, Valio Oy, Valio Oy, Valio Oy, Valio Oy, Ingman Ice Cream Oy Ab, Oy Gustav Paulig Ab, Suomen Elintarviketuonti Oy Nordqvist, Valio Oy, Oy Sinebrychoff Ab, Oy Sinebrychoff Ab, Oy Sinebrychoff Ab, Altia, Munakunta, Raisio Oyj, Raisio Oyj, Valio Oy, Pauliina Luoto, Raisio Oyj, Saarioinen, Pauliina Luoto, Cloetta Fazer, Cloetta Fazer, Cloetta Fazer

s. 77 © Lehtikuva, Lehtikuva, Lehtikuva

s. 80 © Lehtikuva

s. 81 © Lehtikuva

s. 82 © Rodeo.fi

s. 83 © Suomen Kuvapalvelu, Suomen Kuvapalvelu

s. 84 © Rodeo.fi, Futureimagebank.com

s. 89 © Rodeo.fi, Rodeo.fi

s. 94 © Futureimagebank.com, Corbis, Futureimagebank.com, Rodeo.fi, Corbis, Futureimagebank.com

s. 97 © Futureimagebank.com, Futureimagebank.com, Futureimagebank.com

s. 98 © Corbis, Corbis

s. 102 © VR-Yhtymä Oy, kuva-arkisto, Futureimagebank.com

s. 104 © Rodeo.fi, Rodeo.fi, Rodeo.fi

s. 105 © Suomen Kuvapalvelu

s. 106 © Rodeo.fi

s. 108 © Rodeo.fi

s. 114 © Rodeo.fi, Futureimagebank.com, Rodeo.fi, Rodeo.fi

s. 115 © Futureimagebank.com

s. 116 © Futureimagebank.com, Futureimagebank.com, Futureimagebank.com

s. 119 © Rodeo.fi, Rodeo.fi,

s. 120 © Rodeo.fi

s. 121 © Rodeo.fi

s. 125 © Nordea, Nordea

s. 126 © Futureimagebank.com, Futureimagebank.com

s. 130 © Rodeo.fi, Futureimagebank.com

s. 131 © Futureimagebank.com, Rodeo.fi

s. 134 © Futureimagebank.com

s. 135 © Futureimagebank.com

s. 136 © Rodeo.fi, Rodeo.fi

s. 137 © Rodeo.fi, Futureimagebank.com

s. 141 © Futureimagebank.com, Lehtikuva, Futureimagebank.com, Futureimagebank.com

s. 142 © Rodeo.fi, Futureimagebank.com, Futureimagebank.com

s. 143 © Futureimagebank.com

s. 148 © Rodeo.fi

s. 152 © Rodeo.fi

s. 157 © Lehtikuva, Lehtikuva

s. 158 © Rodeo.fi

s. 164 © Otavan kuva-arkisto

s. 166 © Otavan kuva-arkisto, Otavan kuva-arkisto

s. 169 © Otavan kuva-arkisto (kaikki kuvat)

s. 177 © Lehtikuva, Futureimagebank.com

s. 185 © Lehtikuva

s. 187 © Rodeo.fi

Kiitämme yrityksiä, jotka ovat ystävällisesti antaneet käyttöömme valokuvia.